律師揭開霸凌內幕
陪你尋找解決方案

我的孩子被霸凌了

韓國首位校園暴力律師
盧玧澔——著

基隆地方法院主任調查保護官
吉靜如——審訂推薦

U0013072

suncolor
三采文化

序

自二〇一六年成為校園霸凌專門律師執業至今，時常有人問我：「你為什麼會成為校園霸凌案件的專門律師？」

二〇一六年當時，校園霸凌在法律界仍屬陌生範疇，全韓國專門處理這類案件的律師屈指可數。對我遇過的受害者來說，校園霸凌是影響他們一生至深的事件，然而這樣的事件卻被認為是「孩子間的爭吵」，受害者並無法取得適當的法律協助。即使是一般財務相關案件，也會有律師為當事人提供法律協助，更不用說是校園霸凌這種影響人一輩子的案件，當事人想必也會需要幫助，因此我便踏上了校園霸凌專門律師一途。

過去人們對校園霸凌的關注，從未如二〇二三年這般熱絡，以描述校園霸凌受害者復仇的戲劇《黑暗榮耀》為始，某位被任命為高階公務人員的律師，因其兒曾為校園霸凌者的事實曝光，而在一夕之間辭任，受校園霸凌折磨十餘年的受害者，也一一站出來揭露自身經歷。政府對此表示，將恪守「零容忍」原則來訂定相關對策。《黑暗榮耀》的火紅雖引起人們對校園霸凌受害者心理創傷的關注，然而對受害者保護與治療上的認知，以及針對這方面的支援政策仍屬不足。

我曾經以為校園霸凌遭舉發後，加害者停止暴行，隔離受害者與加害者，便是校園霸凌的終點，但其實事件落幕後，受害者仍陷於痛苦之中，因為「校園霸凌創傷」的關係，要他們完全回到校園霸凌發生前的樣子並不容易。看著這些痛苦的受害者，讓我想找出能夠從根本解決問題的方法。

我想為那些不明白自己為何像是行走於隧道中的受害者指路，同時也為了消解自己未能提出治本方法而產生的愧疚感，於是籌備了這一本書，意圖尋找克服校園霸凌創傷的方法。我只是一個渺小的普通人，受害者的人生不會因為我而產生戲劇性的變化，但我想盡我所能，在他們面臨絕望的處境、且迫切需要幫助的時候，盡我一點棉薄之力。

本書我藉爬梳校園霸凌的歷史，觀察每個年代的校園霸凌特性、社會觀點與制度建立與否來探討受害者為何會遭遇校園霸凌，試圖掌握克服創傷的一絲線索；同時介紹受害者在校園霸凌事件結束後，會承受什麼樣的後遺症，讓各位知道這並不僅僅是受害者自己的問題。

接著第一部第二章中收錄了六位校園霸凌真實受害者從創傷走出的故事。誠如已故的申榮福教授所言，「觀察不如共感，共感不如行動，行動不如立場，最佳的關係便是具有相同立場。」我相信同為受害者的讀者閱讀此書時，能從這些故事獲得比任何話語都還要受用的勇氣。

第二部第三章討論校園霸凌受害者可以向加害者追究哪些法律責任，私下的復仇對解決創傷是否有幫助，以及探討「校園霸凌 #MeToo」對受害者來說有何種意義、是否有妨害名譽之虞。

最後在第二部第四章則介紹克服校園霸凌創傷的方法，逐一說明「把校園霸凌說出來」的方法、受害者周遭人的角色、受害者可以接受諮商或治療的機構，以及受害者能夠親身實踐的方法。

附錄則涵蓋了受害者在現今校園霸凌相關制度下，如何尋求協助，以及在第一部登場的過往受害者，想給現在校園霸凌受害者的建議與安慰。

從以前到現在，有許多校園霸凌受害者過著全然為自己而活的人生，而不只是一邊克服校園霸凌帶來的創傷，一邊苦撐著過日子而已，這樣的事實能帶給你希望，因為你一樣有克服創傷的力量，總有一天也能像他們一樣離開幽暗的隧道。

我要謝謝出版社對校園霸凌受害者的傷痛感同身受，準備了這個企劃，讓我有機會為受害者帶來這本書；同時，我也要向六位受害者及其家屬表達謝意，謝謝他們為了其他受害者，站出來真誠敘述自己的故事，並給了我靈感；在我一邊兼顧本業一邊撰寫此書時，總是體貼著我，讓我能夠專注於寫作的配偶鄭政憲，以及我們的幸福與喜悅——女兒鄭勝妍，我愛你們。

二〇二三年
盧玧澔

目錄

第二部 與校園霸凌創傷告別

附錄

【說明】
◎本書所載案例皆為真實事件改編，人物名稱皆為虛構。
◎本書章節中由審訂者補充的臺灣校園霸凌資料，皆統一採框邊呈現。

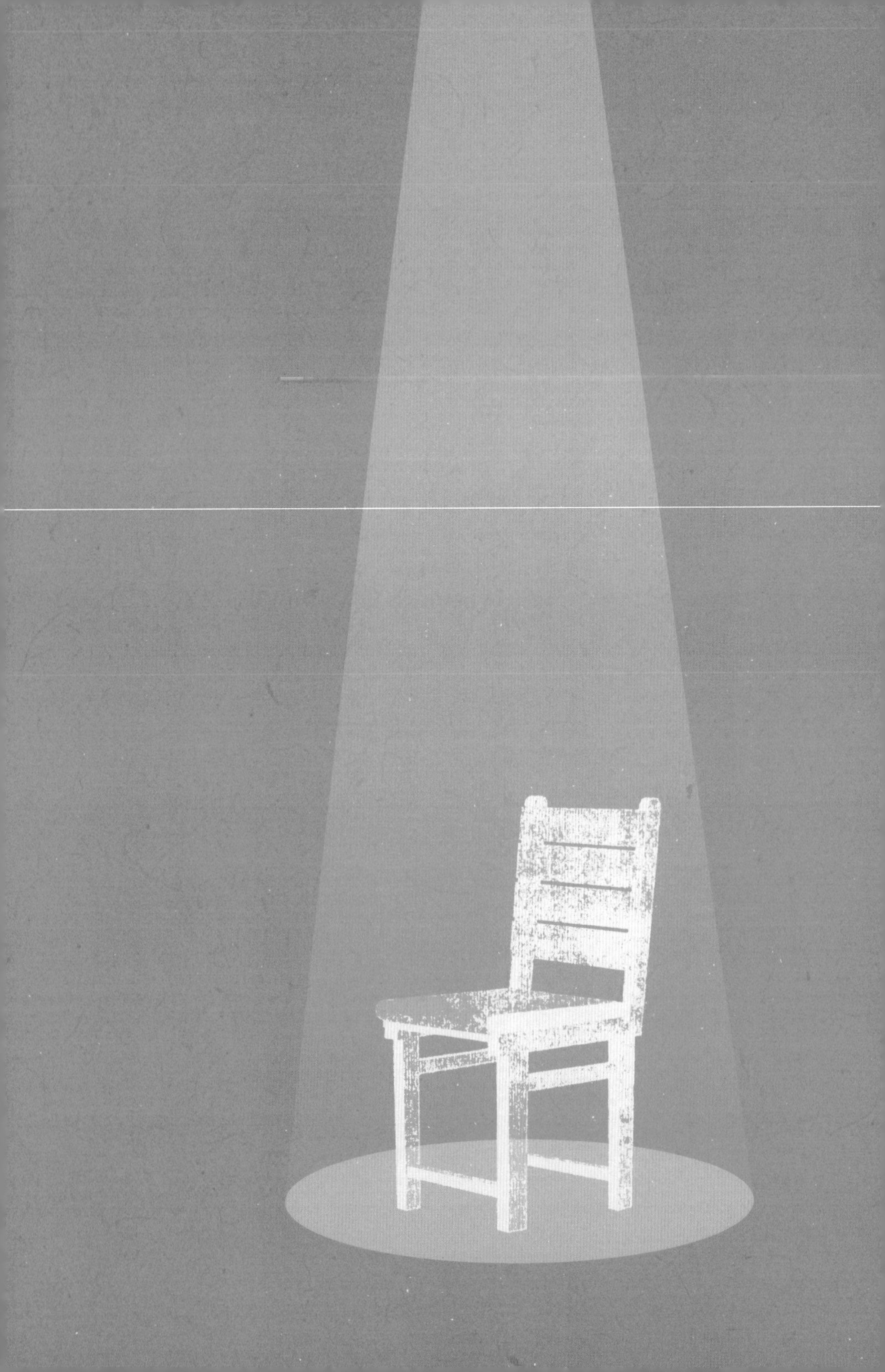

第一部／

校園霸凌並未結束

第 1 章

不止息的校園霸凌

那個時候，為何偏偏是我？

在校園霸凌之後

那個時候，為何偏偏是我？

何謂校園霸凌？

「在腦海裡揮之不去，折磨著我的學生時期過往，可以視為校園霸凌嗎？」「自己或者子女正在經歷的事情，是否屬於校園霸凌？」「我明明感到很痛苦，卻搞不清楚是否只有戲劇或輿論報導裡那種集體暴行或肢體暴行才算是校園霸凌？」受害者總會像這樣，無法確定發生在自己身上的是不是校園霸凌，猶豫該不該採取行動。而加害者往往會說自己的行為，只是開玩笑或鬧著玩；然而，加害者自認為是單純的玩笑，暴力就不算暴力了嗎？在回答這個問題之前，我們必須先瞭解校園霸凌的概念與意義。

在韓國國內，同儕之間出現的霸凌行為被稱為「校園霸凌」，概念類似於國外的「Bullying」「イジメ」等；瑞典心理學家丹・奧維斯Dan Olweus將「霸凌（Bullying）」定義為「在受害者因力量不對等，而不易保護自己的狀態下，反覆進行攻擊行為，且維持了一段時間」；而在日本，所謂的「イジメ」指的是「團體內某個占有主導位置的人，故意對另一個人造成精神或肉體痛苦的行為」[1]。

1 鄭智淑（譯）（2021，P.26-27）。校園霸凌。沙梨樹。（彼得・K・史密斯）

韓國校園霸凌預防法第二條（定義）

本法用詞定義如下列各款：

1.「校園霸凌」係指發生於校園內或校園外，對學生施以傷害、暴行、囚禁、脅迫、擄人勒索、毀損名譽、侮辱、恐嚇、強迫或強制性的使喚與性暴力、集體霸凌、網路霸凌、透過網路散布淫亂或暴力資訊等，造成當事人身體、精神或財產上傷害之行為。

1-2.「集體霸凌」係指發生於校園內或校園外，兩名以上的學生對特定一名或數名學生持續、且反覆進行身體或心理上的攻擊，使其感到痛苦的所有行為。

1-3.「網路霸凌」係指學生透過網路或手機等資通訊機器，對特定學生進行持續且反覆的心理攻擊，或是散布特定學生之個人資料或不實傳言，使其感到痛苦的所有行為。

臺灣校園霸凌定義

關於校園霸凌，第一步可以先了解 WHO（2020）在對兒童與青少年的霸凌部分之定義，這些行為指的是對未成年的個體進行一切形式的攻擊行為，行為施行通常涉及主要照顧者或其他權威（或有權力）人士，行為形式為個體非自願地受到另一個體（或一群體）進行攻擊或虐待行為，會重覆發生且會造成身體、心理或社交傷害。

臺灣教育部的定義

指相同或不同學校校長及教師、職員、工友、學生對學生，於校園內、外發生個人或集體持續以言語、文字、圖畫、符號、肢體動作、電子通訊、網際網路或其他方式，直接或間接對他人故意為貶抑、排擠、欺負、騷擾或戲弄等行為，使他人處於具有敵意或不友善環境，產生精神上、生理上或財產上之損害，或影響正常學習活動之進行。

韓國的校園霸凌預防法詳細地定義了何謂校園霸凌。

根據韓國校園霸凌預防法，當受害者是國小生、國中生、高中生時，除了校園之外，校外或是網路上發生的暴力也屬於校園霸凌，為了廣泛地保護受害學生，不論加害者是同年級的同學、學長姐、學弟妹，抑或是成人，只要受害者是學生身分，皆視為校園霸凌。

上述校園霸凌概念的共通點，便是「權力的不對等」及「占據主導地位的加害者」，換句話說，校園霸凌來自於加害者與受害者的不對等關係。

但是臺灣校園霸凌除師生霸凌強調不對等關係外，生對生之間無不對等的權力關係之條件。

日本精神科醫師中井久夫提出，判定霸凌與否的標準在於是否有相互關係，即就算加害者認為是鬧著玩，只要受害者認爲自己受到傷害，就不能視之為玩鬧；校園霸凌對策審議委員會在實務上判斷加害者的行為，屬於校園霸凌還是玩鬧時，也會針對「受害學生曾表明不喜歡，卻還是重複作為」、「加害學生宣稱玩鬧，但受害學生是否曾對加害學生做過類似的攻擊行爲」等來作確認。

我為什麼會成為校園霸凌受害者？

受害者因為不解自己為何必須經歷殘酷的校園霸凌而痛苦，更讓他們折磨的是，他們會懷疑校園霸凌發生的原因出在自己身上，遲遲無法擺脫過去的創傷。要克服校園霸凌造成的創傷，就得先弄清楚校園霸凌發生的原因，唯有知道任何人都有可能遇到校園霸凌，遭遇校園霸凌並非受害者的錯，以及當時為何只能束手無策，才能從自我批判與自責當中走出來。

● 校園中僵化的團體生活

「在經過設計的制度與政策之下，學校被視為一種神聖的共同體，個人的情緒與行動皆會深深影響彼此的命運，使得學生不得不發展全人的關係。素昧平生的同年孩子被集中一處（學校制度），從早到晚待在一個教室裡（班級制度），整體生活都受到監視。現行的學校制度便是像這樣迫使學生進入狹小的生活空間當中，強迫他們建立各種關係，比如透過強制性的集體學習、集體用餐、班級活動、清潔打掃（無償勞動）、雜務活動、學校活動以及各種共同責任，讓所有的日常活動都成為小團體的自治訓練。」[2]

日本霸凌研究領域的權威內藤朝雄教授，在其著作《霸凌的結構》當中如此描述學校制度，形容孩子們從早到晚被迫待在狹小的空間裡一起生活，這樣的內容與韓國校園中僵化的團體生活十分雷同。

學校為了管理方便，於每年年初進行分班，強制學生集體生活一整年，而班級成員的組成與學生的意願無關，學生只能任憑學校劃分，與不熟識、關係不好的學生在同一個班級生活。伴隨僵化的團體生活而來的衝突，有時會發展成暴力，有些加害者是為了緩解緊張與壓力，而將班上的受害者視為箭靶，受害者成了加害者紓壓的對象，同時也給班上同學一種幸好被霸凌的人不是自己的安心感，也就是說，校園霸凌受害者扮演了凝聚團體、舒緩緊繃壓力的角色。[3]

---

2 高智姸（譯）（2013）。霸凌的結構——人類何以成為怪物。Haneol Media，P.163（內藤朝雄）。

受害者被當作無法適應團體生活的學生，就算說出自己遭受校園霸凌，也無法與加害者分開，在一般犯罪案件中，讓加害者和受害者待在同一個空間，哪怕只有一瞬間，也是根本無法想像的事，而校園霸凌的受害者卻成了這種僵化團體生活的犧牲品，被迫與施暴者持續共處。

在韓國只有受害學生自行於校園霸凌對策審議委員會上要求轉班以取得保護，或是加害學生在受到處罰程度僅次於強制轉學的轉班處置時，雙方才得以隔離。

臺灣，校園霸凌事件都由學校申訴

校園霸凌事件的主則機關為各校的校園霸凌防治小組，高中以下由校園事件處理會議來處理。根據教育部「校園霸凌防制準則」修正條文第五條，學校應組成校園霸凌防制小組（以下簡稱防制小組），負責處理校園霸凌事件之防制、調解、調查、審議、輔導及其他相關事項。但高級中等以下學校師對生霸凌事件之調查、處理及審議，由學校校園事件處理會議負責。

● 誰會成為加害者？

校園霸凌受害者遇上加害者時，最想問的就是「為什麼他偏偏對我這麼做？」其實加害者只是把班上看起來最弱小、最容易欺負的人當作目標，要成為受害者並沒有什麼特別的理由，在充斥著暴力的班級中，加害者就只是一直在尋找不同的施暴對象而已。

那麼加害者之所以施暴，是因為他們有性格上的缺陷或心理病態嗎？如先前所述，過去社會認為暴力份子、不良學生這種特殊學生，才是校園霸凌的加害者，而在欺凌與虐待的相關研究中，專家也說明「自戀」與「馬基維利主義」是施暴者身上共同會出現的人格特徵。[4]

自戀的人往往以自我為中心，且擅長說謊，以狡猾而擅權謀的樣子包裝自己，他

3 高敬恩（2014）。青少年的校園霸凌克服經驗研究。學校社會福祉 vol.29，P.11。

4 Helen Riess, "The Empathy Effect: Seven Neuroscience-Based Keys for Transforming the Way We Live, Love, Work, and Connect Across Differences", Sounds True, 2018. p.120。

們表面上充滿自信，自我吹捧，實則自尊感低落，受自我厭惡折磨[5]；馬基維利主義一詞有為達目的不擇手段之意，具有此種性格的人在情感同理與理解力上較為匱乏，特徵是以操控他人達成個人目的。

然而我見過的加害學生們卻極為平凡，其中有集家裡與學校期待於一身的學生，有被稱為模範生的學生會會長，也有在學力測驗中獲得滿分的學生。前面提到的「鄭姓律師兒校園霸凌事件」就是典型的例子，該事件發生於一所只收全國資優生、模範生的私立高中，而且加害者的成績優秀到即使有受懲戒的不良紀錄，仍能考上首爾大學，他平時就經常誇耀自己父親是高階公職人員，利用了自己成績比受害者好、對同學更有影響力等種種優勢。

在臺灣許多帶頭霸凌的學生具有一些特定的人格特質，例如：反社會性人格，他們因為缺乏同理心，或是自小被家庭不當教養，因而以傷害他人為出口或是為樂，看起來他們似乎很壞，但其實他們是被家長錯誤教養出來的產物，在他們初次發生霸凌他人行為時，若家長也以開玩笑、小孩間的玩樂作為藉口，就會助長這些行為後來的發生率。[6]

任何人都可能成為校園霸凌受害者，同樣地，任何人都可能是加害者，可以說，除了體力上的不對等，在人際關係、地位或是任何小地方上，只要有不均衡的現象存在，就有可能發生校園霸凌，產生加害者與受害者。

從選擇受害者開始，加害者的欺負行為就開始了。被當成標的的理由有千百萬種，細微的身體特徵或語氣、和自己喜歡的朋友變熟了等等，任何事都可能是被找碴的原因，有時嫉妒也會成為原因，例如「異性緣很好」、「成績比我好」等等，加害者拿這些藉口來合理化自己欺負受害者的行為，讓周遭的朋友相信「受害者就是因為這樣才會被欺負」，日後東窗事發，加害者會拿受害者當藉口，將校園霸凌發生的責任推諉於受害者身上，反過來質問受害者——「難道你都沒錯嗎？」

加害者踐踏受害者的人格，看著對方如自己期望般受苦，而感到快樂，他們之所

5 George FR, Short D, 'The Cognitive Neuroscience of Narcissism', Journal of Brain, Behaviour and Cognitive Sciences, 2018.

6 吉靜如（2020-2023）。只是開玩笑，竟然變被告（1-3）。三采文化。

以將校園霸凌稱為玩笑、遊戲，正是因為他們相當享受施暴的過程，把它當作一種遊戲。此外，他們讓身邊的朋友參與自己的霸凌行動，而班上同學的不作為更加助長了霸凌者的氣勢，讓他們肆無忌憚地傷害受凌者。在這個過程中，加害者看著受害者因為被自己欺凌而遭到其他同學排擠、孤立，浸淫於支配某人的優越感之中。

袖手旁觀的人也有責任

在暴力猖獗的校園氛圍中，多數學生雖身為目擊者，但認為校園霸凌是校園生活中無可避免的一部分，儘管為受害學生感到遺憾，卻也別無他法，因為沒事站出來伸張正義，反而可能會讓自己成為加害者的目標。

原本和受害者熟識的朋友害怕自己也成為受害者一員，而和受害者保持距離，這使得受害者落入被孤立的境地。同時，就如先前所言，受害者的存在，讓旁觀者感到安心，因為他們慶幸自己不是受害者，認為只要不是自己就好。這些學生的默許與旁觀，讓加害者得以更加大膽地行使校園霸凌。

根據芬蘭一項研究顯示，班級內對霸凌現象若是呈現旁觀的態度，發生霸凌的機率會更高；反之，如果有較多幫助受害者且阻止霸凌的動作，發生霸凌的機率則會降低[7]。旁觀者看似與校園霸凌無關，但他們終究營造了放任加害者為所欲為的環境，就這一點來說，旁觀者難辭其咎。

7 Antti Kärnä, Marinus Voeten, Elisa Poskiparta, Christina Salmivalli, 'Vulnerable children in varying classroom contexts: bystanders' behaviors moderate the effects of risk factors on victimization', Wayne State University Press, 2010.

如何引導學生介入霸凌事件，降低被害人傷害？

在臺灣，教育現場的管教人員，需要引導學生如何介入或協助事件的手段與策略，因為許多旁觀者，其實多數不希望傷害擴大，只是不知道該如何介入，降低傷害。

引導方式：

1. 同理心：試想自己如果是被霸凌者，心態與傷害。
2. 觀察現場情況：適度求助或讓危險降低。

例如：故意說有人來了，老師來了，或是離開後進行通報。

3. 觀察事件發生的過程，若是特定的事件、地點、特質才造成霸凌，就須避免自己成為下一個受害人。

無法起身對抗的受害者

最讓受害者痛苦的往往是自我譴責，他們埋怨當時自己為何傻傻就範，既無法挺身反抗加害者，也保護不了自己。其實受害者無法反抗加害者在所難免。年幼的受害者因第一次遭遇暴力而慌張無措，不知該如何應對，亦沒有保護自己的力量，況且校園霸凌來自力量的不對等，受害者本就不敵加害者，又要如何對抗佔上風的加害者呢？另一方面，從附錄介紹的校園霸凌史當中，我們也知道校園霸凌真正進到體制內也才不過幾年，以往校園霸凌受害者沒有申訴的方法，更沒有保護他們的措施。

有些人會問受害者為什麼不向父母、師長求助，受害者之所以無法向家長說出口，最主要的原因是覺得丟臉。家長總期待孩子的校園生活順順利利，孩子既不想辜負家長對自己期待，也不想承認自己是無法適應團體生活的失敗者。

第二，是他們並沒有認知到校園霸凌是一種需要向父母師長求助的狀況。在暴力橫行的時代背景下，過去的受害者並不知道自己遭遇之事也是一種暴力，加上即使向大人求助也不見得會有改善，這樣的無力感迫使他們只能保持沉默。

最後一個原因，則是不想讓家長擔心，他們認為校園霸凌是自己必須承擔的事，只要熬過這一學年、熬過學生時期，問題自然會迎刃而解。

● 未能適當應對的大人們

當受害者鼓起勇氣向師長舉報校園霸凌時，也曾有過大人不恰當的回應造成二次傷害，或是導致校園霸凌持續的情形。

在校園霸凌相關概念尚未成形的時代，有些家長認為校園裡頭發生的事不過是孩子們打打鬧鬧，沒什麼大不了，他們魯莽地提出「就快要重新分班了，再忍一忍吧」「小時候誰沒有打過架，大家都是這樣長大的」諸如此類的建議，要受害者繼續忍受痛苦。

家長需在孩子轉換新環境時做到主動覺察

1. 觀察孩子的外觀與情緒：孩子是否刻意遮掩傷口，或不想上學、退縮的反應。
2. 與孩子聊新環境的種種：藉此搜集資訊，幫助孩子釐清適應的困境。
3. 第一次發生的霸凌行為，教導孩子正確回應，不要不說，這是保護自己的最佳方式。
4. 若孩子處理後危機未降低，家長再適時與老師聯繫，以私下方式，隔離與排除傷害。

對受害者帶來更大傷害的教師也是個問題。不論是受害者自行向師長求助，還是家長出面要求保護小孩，若教師視其為無關緊要的事，表現出漠不關心的態度，將使得受害者對學校產生不信任，並受到挫折。相關研究也證實，當教師與校長默許校園中的暴力、輕視校園霸凌問題時，校園霸凌會更加頻繁發生。[8]

由此可見，校園霸凌有複雜的原因作用其中，但可以確定的是，不論有何種時代環境因素，加害者都是一切的開端。

在相同的時代背景與環境條件下，並不是所有人都會成為加害者，然而加害者利用權力的不對等，來針對與欺凌受害者，作為校園霸凌的始作俑者，他們應當受到譴責。校園霸凌源自於受害者無法掌控的外在因素，因此受害者不需要感到羞愧，即使無法積極反抗，也不必要責怪自己。我希望受害者明白到校園霸凌的發生原因不在自己身上後，能夠不再放任自己拿過去的創傷來折磨現在的自己。

在校園霸凌之後

受害者的校園霸凌創傷

剛開始從事校園霸凌專門律師時，我以為透過申訴或大人介入制止校園霸凌，並對加害者進行懲處，案件就會結束，受害者也會回歸正常生活，然而絕大多數的受害者在校園霸凌停止後，甚至是轉學遠離加害者後，仍舊承受著心理上的痛苦。看見他們如此，我才意識到校園霸凌並不是某個時期的單一事件，隨著事件落幕便結束，而是會在受害者心中留下創傷陰影，久久無法散去。

---

8 許勝熙、李希榮（2019）。校園霸凌的校內生態因素與因應方案——以微觀系統與中間系統為中心。水產海洋教育研究 vol.31（6）。

根據韓國保健福祉部所做的現況調查結果，校園霸凌受害學生中約有六六％在經歷校園霸凌後出現精神疾患[9]。青少年時期除了是身體發育的重要時期之外，也是人格發展、腦部發育的緊要階段，受害者在這個時期遇到校園霸凌，導致他們產生憂鬱、不安、恐懼、孤獨、自尊低落等心理問題，進而影響到成績與人際關係。

二〇一二年六月，在韓國小兒青少年精神醫學會主辦的「杜絕校園霸凌之促進心理健康措施公聽會」上，首爾大學醫學院金朋年教授指出，「持續不斷的校園霸凌對受害者造成了憂鬱症、失眠、注意力不集中、自殺衝動等精神上的長期後遺症，並影響了受害者的腦部發育。」[10]

接下來要介紹的幾個校園霸凌的症狀，有可能就是全部或部分校園霸凌受害者正面臨到的問題。

校園霸凌的心理傷害與後遺症

●自尊低落

所謂的自尊指的是接納、尊重自己原本面貌的意思。相關研究顯示，與一般青少年相比，受害者的自尊感更為低落。[11]

校園霸凌受害者往往會將校園霸凌的原因，歸咎於自己身上，他們認為是「自己不夠好」「自己沒出息」才會成為別人霸凌的目標。加害者挑受害者的毛病、拿一些不像話的理由，來合理化自己的暴行，使得受害者在不自覺間也認為被霸凌都是自己的錯。

9 保健福祉部（2001）。醫療機構內校園霸凌受害者之精神病理調查。
10 針對排擠與自殺，心理健康醫學科醫生提出的解決方法？（2012，6月5日）。醫協新聞。
11 高敬恩（2014）。青少年的校園霸凌克服經驗研究。學校社會福祉 vol.29。
崔美京（2004）。兒童的同儕霸凌與自我尊重及孤獨感之關係。兒童學會誌 vol.27（4）。
Graham, S.H, Bellmore, A. & Mize, J.A., 'Peer victimization, aggression, and their co- occurrence in middle school: Pathways to adjustment problems.' , Journal of Abnormal Child Psychology, 2006.

而受害者在感受到自己的無能之後，也會喪失自尊心。如前面探討校園霸凌發生原因時所述，受害者缺乏保護自己的能力，一個年紀尚小的學生突然面臨校園霸凌，難免會不曉得該如何應對，但是受害者卻會怨恨自己太過羸弱無法保護自己，用負面的角度看待自己、責怪自己。

● 不安與焦慮症

根據研究顯示，校園霸凌受害者中有三七．一%罹患焦慮症[12]，受害者時常感受到一股莫名的不安，這種焦慮感為日常生活帶來了負面影響。

焦慮是一個相當複雜而多面向的概念，它與人類的情緒密切關聯，指的是沒有明確原因卻感到焦躁、緊張、憂慮、擔憂、恐懼等的情感。

它本來是一種本能的防禦機制，由腦部發出警告訊號，以防止危險重複發生[13]，但過度的焦慮會導致人際關係和社會關係碰壁，甚至引起恐慌症。

焦慮也會外顯於行動或身體症狀，例如焦躁不安、無法靜下來，或是出現自律神經亢進、心搏加速與呼吸急促等症狀。

抑鬱與憂鬱症

校園霸凌受凌者中有二九．五％患上憂鬱症[14]，校園霸凌使受害者抑鬱的事實由此可見一般。在多項研究中都已經證實，青少年越是暴露在校園霸凌中，憂鬱症狀就會越嚴重[15]。

每個人都會感到憂鬱，但如果憂鬱現象持續兩週以上，就可視為是憂鬱症。憂鬱使人消沉無力、食慾下降不想進食，也有可能反過來導致暴飲暴食；持續的憂鬱會讓

---

12 李志賢（2017）。青少年前期網路霸凌受害經驗對憂鬱與焦慮造成之影響——發展性資產的調解效果。清州大學研究所。P.14。

13 Bessel van der Kolk M.D., "The Body Keeps the Score: Brain, Mind, and Body in the Healing of Trauma", Penguin Publishing Group, 2015.

14 李志賢（2017）。青少年前期網路霸凌受害經驗對憂鬱與焦慮造成之影響——發展性資產的調解效果。清州大學研究所。P.14。

15 李志賢（2017）。青少年前期網路霸凌受害經驗對憂鬱與焦慮造成之影響——發展性資產的調解效果。清州大學研究所。P.14。
朴智妍（2017）。青少年的校園霸凌受害經驗對憂鬱與焦慮造成之影響——自我恢復力的中介效果。濟州大學教育研究院。P.12。

大腦無法思考，且被各種雜念佔據，導致你難以集中注意力在任何事情上，包含學業在內；經由身體表現出來的憂鬱症狀，則包含了頭痛、手腳麻痺、頭暈、食慾不振、腹痛、感覺遲鈍等。

● 創傷後壓力症候群（PTSD）

創傷後壓力症候群是一種疾病，指人在遭逢交通事故、戰爭、犯罪等重大的身心創傷後，因恐懼感與經驗再現而感到痛苦。

二〇二三年三月，韓國校園心理健康醫學會針對精神科醫師進行了問卷調查，結果有八四．六％的醫師表示，校園霸凌的經歷與創傷後壓力症候群具有相關性，並不是暴力行為停止了，受害者就能夠毫無創傷地回復正常生活。

● 學習能力低落

學習能力下降也是校園霸凌受害者普遍面臨的問題之一，受凌經歷會對學業成就造成影響，原本成績越好的學生，成績退步的幅度越大[16]。憂鬱等種種原因造成注意力不集中，在校各方面的表現也變得畏縮，而校園生活中最基本的學業表現，自然也免不了受到影響。還有一些情況是校園霸凌導致受害者腦部退化，造成受害者智力和一般思考能力下降。哈佛大學醫學院曾對幼年時期遭受語言暴力等校園霸凌的受害者腦部進行研究[17]，發現這些受害者腦部的「胼胝體」與「海馬迴」和未曾遭受校園霸凌者相比有萎縮的現象，胼胝體是連結左腦與右腦的橋樑，當該部位退化時，左右大腦間的資訊交換不順暢，導致智力與思考能力下降。倫敦國王學院 King's College London 的一項研究中也發現，曾遭受校園霸凌的青少年腦部有特定區塊出現萎縮現象，研究人員發表研究結果，指出校園霸凌會造成腦部構造變形[18]。

曾有一名國一學生來我們辦公室諮詢，他原本成績優異，是個足以擔任學生會會長的人才，卻在經歷校園霸凌之後，學習能力嚴重下降，甚至在綜合心理測驗中被評

16 蔡昌均、柳知英、申東俊（2013）。青少年校園霸凌影響因素分析——以個人特性、家庭背景為中心。韓國職業能力研究院 vol.16（1）。P.8。
17 兒時受言語羞辱，腦部終生受創（2012，4 月 20 日）。東亞日報。
18 校園霸凌致使受害者腦部與身體變形，對加害者人生也造成「負面影響」（2019，5 月 7 日）。YTN 科學。

為邊緣性智能不足。[19]

●自殘、自殺衝動

自殘是將憤怒、羞恥、痛苦、自我厭惡等負面情緒，表現於自己身體上的一種行為，在國內外研究中發現，校園霸凌受害者的自殘機率，較一般青少年高約二．四四倍。[20]

自殘造成的肉體疼痛，能讓人暫時忘卻精神上的痛苦，這是因為神經傳導物質「腦內啡」有緩解壓力的效果。據說腦內啡的鎮痛效果相當於嗎啡的兩百倍，因此也容易讓人對自殘上癮。

此外，校園霸凌受害者的自殘原因，還包含了將校園霸凌造成的精神痛苦形象化，企圖留下一種紀錄，可以說，自殘是他們的悲傷紀錄。

同時，青少年自殺也是韓國嚴重的社會問題，國內青少年的第一大死因是自殺，而青少年考慮自殺的原因中，校園霸凌與排擠霸凌排名最高。[21]這也是為什麼每當人們快要遺忘的時候，就會出現青少年因校園霸凌而自殺的新聞。校園霸凌，最終會逼得受害者走上絕路。

校園霸凌創傷引起的身體變化

像這樣的心理傷害並不只是一時的情緒變化所帶來的影響，也是生物機制作用的結果，換句話說，創傷會長時間持續，並不是因為校園霸凌受害者過於脆弱的關係。倫敦大學學院University College London研究顯示，校園霸凌與受凌經歷不只會對情緒造成暫時性的影響，更會破壞大腦。[22]

19 邊緣性智能不足係指在標準智商測驗中，智商落在70至85範圍內的情況。
20 李寒株（2017）。校園霸凌受害經歷對憂鬱影響之縱向研究——自我尊重與自我恢復力的中介效果。韓國校園保健學會誌 vol.30（3）。
21 金哉燁、李根榮（2010）。校園霸凌受害青少年自殺想法研究。青少年學研究 vol.17（5）。P.5。
金正蘭、金惠信（2014）。家庭暴力與校園霸凌對青少年自殺衝動之影響。保健社會研究 vol.34（2）。
22 鄭智皓（譯）（2023，P.76）。霸凌如何破壞你的大腦。Simsim Books。（珍妮弗．福瑞澤）。

研究人員使用fMRI（功能性磁振造影）掃描了兒童與青少年的腦部，以檢視腦部各區塊的活躍程度，受試者的外表看起來沒有特別的差異，但其中幾名孩子曾受過身體或精神上的暴力。當研究人員出示帶有憤怒表情的照片時，受過暴力的孩子不僅會感知到威脅，與疼痛預測有關的杏仁核和前腦島的活躍度，也拉升到與投身戰場的士兵相近的程度，他們的大腦無法分辨真正的危險與假的危險，這與從未經歷過暴力的孩子結果不同。

受虐過的大腦為了應付下一次攻擊，始終維持在警戒狀態，而大腦無法區分霸凌行為是實際存在、抑或只是自己的預測，因此光是想像或擔心暴力發生，就會讓大腦陷入恐慌[23]，此種現象會誘發慢性壓力，進而導致嗜睡，並對大腦造成嚴重傷害。人受到壓力時，會分泌一種名為「皮質醇」的荷爾蒙，這種荷爾蒙可以幫助身體產生抵抗壓力的能量，但是若壓力反覆發生，使得分泌皮質醇的腎上腺疲憊不堪，最終將導致皮質醇枯竭，即為「腎上腺疲勞」，症狀包含睡覺仍感到疲倦、失眠、注意力不足、記憶力衰退等。

即使畢業、即使成年

同儕的衝動暴力對受害者大腦發育造成影響，並留下精神上的後遺症，造成受害者在畢業成年之後，仍無法擺脫校園霸凌帶來的折磨。

韓國校園心理健康醫學會所發表的問卷調查結果中，有六二．七％的精神科醫師認為，校園霸凌受害者在成年後，仍有焦慮、憂鬱、恐慌症、廣場恐懼症、人際退縮、自尊感低落等問題[24]。受害者原以為畢業成年後就會好轉，殊不知創傷陰魂不散，他們為此感到沮喪，時而看不見出口，讓他們比學生時期更加痛苦，在生活各方面承受的後遺症也越發嚴重。一份針對一千零三十名十九歲以上未滿二十七歲成人所做的問卷結果[25]指出，相較於未曾遇過校園霸凌的成人，曾遭遇校園霸凌者選擇走

23 鄭智皓（譯）（2023，P.77）。霸凌如何破壞你的大腦。Simsim Books。（珍妮弗．福瑞澤）。
24 心理健康醫學科醫師所見校園霸凌受害者的痛苦（2023，3月17日）。醫學觀察家。
25 朴愛利、金宥娜（2023）。兒童期校園霸凌受害經歷對成年前期心理情緒障礙與自殺之影響——以大學生為中心。青少年學研究 vol.30（1）。

上絕路的機率高出了二・六倍；有五四・四％的校園霸凌受害者考慮過自殺，其中有十三％實際嘗試自殺。受害者表示，他們會毫無來由地出現頭暈、胸悶、呼吸困難等身體上的症狀。

受害者表示，若在路上偶然遇見加害者，或是在社群網站上看見對方，曾被霸凌的記憶便宛如昨日，歷歷在目；自己活得如此辛苦，看到霸凌者生活順遂，也不免會產生憤怒與復仇之心。然而，反芻記憶只是延長了負面經歷，反而讓受害者無法專注於眼前的生活。

之所以在這裡列出受害者遇到的問題，並不單純只是為了介紹校園霸凌後遺症的嚴重性，而是想告訴校園霸凌受害者，他們不是唯一一個遇到這些困難的人，也不是因為脆弱才會碰到這些問題。同時，我也想讓社會大眾認知到，校園霸凌是一種嚴重的災難，它留下的後遺症絕對不容輕視。

接下來在第二章當中，將透過受害者的訪談內容，來瞭解校園霸凌創傷與後遺症實際發生的情況，並探討他們成功克服創傷的契機。

第 2 章

進兩步退一步，他們的故事

導言

我想，能夠給予校園霸凌受害者最實際建議的人，莫過於其他有類似經驗，且一樣努力在克服創傷的受害者了；而且我也一直很想探討，受害者在克服創傷的過程中有什麼共同點，以便找出擺脫校園霸凌創傷的方法。

本章介紹的六名受害者與其家屬都曾經是我的委託人，我們因一起面對校園霸凌案件而結緣。在邀請他們受訪之前，我不免擔心，已然忘懷過去的他們，是否會因為我的聯絡讓記憶翻攪，在他們平靜的生活中激起漣漪？

然而，相較過去，他們帶著開朗正面的態度活在當下，也欣然接受我的邀請，一舉消除了我的顧慮。他們之所以答應接受訪問，都源自同一個理由，即希望能多少為其他受害者提供一些幫助。這些校園霸凌受害者和他們的家人一起努力克服創傷的故事歷歷在目，也可以從中感受到他們懇切盼望的心。

在這次訪問中，我詢問六名受害者在遭受校園霸凌後，出現什麼樣的創傷症狀、採取過何種法律途徑，以及這些方法是否具有實際作用，也分別請教他們，對他們來說克服創傷時最有幫助的是什麼。同時，他們的家屬也以身旁人的角度，敘述了克服創傷的過程，我想這些對於家人遭遇校園霸凌的人，應該會有所幫助。希望他們的故事能為有類似經驗的人帶來安慰，引起共鳴，並為正苦於尋求解決方法的人帶來建議與勇氣。

今天也要向前邁步——秀妍

現為高中生的秀妍，在國一時曾受到同年級的A與B長達數個月的肢體暴力、陷害等等的霸凌與勒索，忍無可忍的秀妍在第二學期時鼓起勇氣向班導求助，班導將A、B兩人叫來詢問此事是否屬實，A和B兩人卻謊稱從來沒有欺負過秀妍，結果班導對他們的說詞照單全收，並沒有把秀妍的處境當一回事。秀妍雖然提起了勇氣，事件卻沒有得到任何處置，就不了了之了。

秀妍對此相當失望，認為即使向大人求助問題也無法獲得解決，於是選擇保持沉默。直到學期末，秀妍的父母才從來家裡玩的朋友口中得知，秀妍遭到霸凌，但他們當時認為反正升上二年級和霸凌同學分開後就不會有事，因此也沒有深究。

升上二年級後，秀妍和霸凌學生就讀不同班級，一切看似安好，然而到了三年級時，秀妍又再次與A同班，隨著和A再度生活在同一個空間，曾經被霸凌過的創傷也就此浮現。一年級時未了結的校園霸凌，對秀妍來說又再度變成了現在進行式。

Q 在秀妍身上，爸媽看見哪些校園霸凌導致的創傷症狀？

秀妍的校園霸凌創傷最先顯現在身體上，她先是說自己的視野變窄，再來是右邊臉部肌肉出問題，接著右側手腳開始持續性地發麻，還會說自己手掌癢，抓到流血，最後右側腿部無力，容易跌倒且出現運動障礙。

當時不曉得她為什麼會有這些症狀，以為是腦部有問題，所以照過MRI，也做過各種檢查，卻查不出任何原因，後來是大學醫院的醫生說，有可能是心理上的問題，我們才到另一間大學醫院的精神科求診，最後診斷出秀妍出現的這些問題，全是源自於校園霸凌的心理創傷。

至於心理上的症狀則有失眠和容易做惡夢，最讓秀妍感到折磨的是社交恐懼，在遇到校園霸凌之後，她變得怕人，不敢和人有眼神交流，後來甚至無法短暫外出或是搭乘擁擠的大眾交通工具，即使是和親近的朋友相處也有困難；由於與人交流這件事本身對秀妍來說太過困難，以至於她每次出門時，都會哭著回家。

讓我們最難過的事情，莫過於秀妍的自尊心過度低落，認爲自己沒有存在價值，且自我厭惡，因此她經常自殘，甚至企圖自殺；而且每當她看到加害學生，就會陷入恐慌且無法呼吸，所以必須隨身攜帶鎮定劑。

Q 事發兩年多後才決定申訴的原因為何？

我們是在秀妍國三的時候，才發現校園霸凌的創傷造成她身心上的問題，那時候是秀妍先將自己的症狀和原因告訴她信任的班導，她的班導會親自為她進行諮商，或是轉介她到 Wee 中心（Wee Center）[26]進行諮商。

26 Wee 計畫（Wee Project）是透過串連學校、教育支援廳與當地機構，為高風險學生的校園生活，提供支援的一個政府項目，其中的 Wee 中心由教育支援廳營運。

我們集結了班導、Wee 中心和精神醫學科醫師等等各領域專家所給的意見後，得出一個結論，就是如果希望秀妍從創傷中恢復，那就必須讓她得到加害者的道歉，並將過去的事情做一個了結，這些也是秀妍最盼望的事。

而且多虧班導說服秀妍，申訴校園霸凌不是一件壞事，我們才有辦法進行申訴。那時候秀妍害怕申訴，也沒有多餘的心力去面對新的事物，但是在老師勸說之下，她認為唯有收到道歉，將過去做個了結，她才有辦法恢復正常，因而決定要提出校園霸凌申訴。

儘管秀妍好不容易做出申訴校園霸凌的決定，但由於離事發當時已經過了兩年，目擊事件的學生記憶模糊，加上加害者A跟B一概否認，因此校園霸凌對策審議委員會以證據不足，難視其為暴力事件為由，做出「不處置」的決定。

秀妍的父母不服決議結果，向教育廳提起行政訴願，再與教育支援廳[27]激烈辯論之後，校園霸凌終獲承認。此外，審議委員會對加害者處以第二款懲罰，即「禁止接近、脅迫受害學生，或對受害學生進行報復行為」，並要求加害人必須「完成特別教育」。

進行校園霸凌申訴，被認定為校園霸凌的受害者，這對秀妍與秀妍父母有什麼樣的意義？

Q 校園霸凌對策審議委員會不承認秀妍受到的傷害，後來在行政訴願獲得認定，這對克服創傷是否有幫助？

我認爲這個結果相當重要。當初教育支援廳校園霸凌對策審議委員會未予以承認，讓好不容易下決心的秀妍再度受到嚴重傷害，甚至危急到有可能再也無法恢復。秀妍也說，本來期待可以得到幫助，結果卻像是被信任的大人再次施暴。由於不被承認是校園霸凌受害者，自然也沒有任何保護措施，導致她社交恐懼加深，無法上學；

27 韓國各廣域市（相當於直轄市）、道（相當於省）的教育廳，都會在其下各處行政區下設「教育支援廳」，接受來自父母或教師，在教學現場上各種問題的投訴。

除了企圖自殺的次數增加之外，感覺障礙、失眠、抑鬱症狀也更加嚴重。因此，我們相當希望在進行行政訴願後，能夠獲得承認。

就結果來說，經由行政訴願，秀妍受到的傷害得到認定，加害者也受到懲罰，而這樣的過程也讓秀妍迎來克服創傷的重要轉捩點。

Q 獲得校園霸凌對策審議委員會或行政訴願認定，這些行政形式對克服創傷有何幫助？

由於加害者一直說謊，且受到相信這些謊話大人的幫助，使得秀妍痛苦了很長一段時間。因此對她來說，這件事的作用是被大人認知自己的傷痛，也讓她知道有很多人相信她，願意幫助她。

即使只是行政上的認證，能夠證實加害者所說是謊話，且認定他們的行爲是錯誤，對秀妍走出創傷就起了相當大的作用，校園霸凌受害事實透過行政訴願得到承認，且加害者受到懲罰之後，秀妍恢復得相當快速。

秀妍父母為了幫助秀妍克服創傷，會定期帶她去做心理諮商與接受精神科治療，而當時校內的輔導老師與加害學生A諮商時，發現A也有情緒上的問題。A學生花了一些時間認知自己行為的問題，並學習同理秀妍的心靈受到何種創傷，在輔導老師的積極調節下，A學生真心地向秀妍表達了遲來的歉意，更在行政訴願過程中揭露自己的謊言，承認自己犯錯。

在校園霸凌程序之後

臺灣的校園霸凌程序走完後，學校會依據霸凌的情況，由學校做出輔導管教的策略，行為人需要被輔導矯正行為觀念、家長加強監督、正確管教，另外向被行為人道歉甚或可能需要轉學、轉班的決定，都會依據霸凌傷害與再犯的危機加以評估。

被行為人的創傷修復與支持輔導，更加重要，需學校給予安全的環境、同學的支持、心理輔導等的介入，現今的校園修復式正義，都是可以適當導入的輔導與修復策略。

Q 秀妍接受治療，其中一位加害者也向她道歉，這對她最大的幫助是什麼？

帶給秀妍最大力量的是那些知道秀妍過去的傷痛，並予以鼓勵的朋友們。雖然秀妍曾經一度因為社交恐懼而連親密的朋友都不敢見，但她的朋友耐心等候，對她有信心，這在她克服創傷上發揮了很大的作用，我相信她從同儕身上受到的傷害，最終是被朋友給治癒了。

第二因素則是，到新的環境認識新的朋友。幸好升上高中後，環境自然有了變化，秀妍也結交新朋友，她沒隱瞞自己遭受過校園霸凌的經歷，而是直言不諱的分享給朋友知道，她說是因為有朋友的安慰和鼓勵，才讓她找到新的自我，擺脫過去。

至於心理諮商和精神科的藥物治療，雖然單靠這些無法從根本上解決創傷，但站在父母的立場上來看，Wee 校園諮商室（Wee Class）的輔導老師和 Wee 中心的心理諮商及建議體系，仍然有相當大的幫助；另外，精神科的藥物治療是最基本的必要措施，它能減少自殘、憂鬱症、恐慌症、感覺障礙、運動障礙，因此不論是否有助於克服創傷，我認為這些都是必要的。

對秀妍來說，其中一名施暴學生的道歉，聽起來就只是藉口而已，只是他在行政訴願過程中坦承了一切，作為父母，我們自然有感謝他的地方。然而這並不代表秀妍原諒了加害者。

Q 已經過三年多，傷害得到認定也已一年有餘，秀妍是否恢復了？

仔細回想起來，秀妍的創傷並不是一夕之間就恢復了，她不斷反覆著進兩步退一步的過程，慢慢才走出陰霾。

在這個過程當中，並沒有一件事是一下子獲得大幅改善。如前所述，秀妍是靠所有人的努力，Wee 校園諮商室和 Wee 中心的心理諮商、藥物治療、行政訴願後獲得承認、加害學生承認犯行並道歉、和朋友的互動等，在這一段路程當中，一步一步擁有自信和勇氣緩緩向前邁進，即使她還沒回到受霸凌前的樣子，但已經恢復日常生活，並找回自信心了。

Q 若加害者被處以比懲戒更重的懲罰，對秀妍克服創傷會有幫助嗎？

懲處加害學生對克服創傷確實有正面幫助，但我認為懲戒的輕重並沒有太大的影響，不論加害者受到什麼樣的懲處，被害人都無法知道加害者是否確實履行懲罰，或者是否透過懲罰而有所反省，因此比起懲罰的程度，更重要的是身為受害者的事實被承認，並且得到保護措施。

還有，雖然這真的很困難，但是和加害者恢復關係，對受害者克服陰影應該最有幫助，如果關係無法修復，那最好的辦法就是讓受害者與加害者完全隔離。

Q 對那些猶豫是否要進行申訴的父母，您有什麼建議嗎？

老實說對於這個問題，我很難給出明確的答案。秀妍在行政訴願過程中好不容易才受到承認，一想到當初在校園霸凌對策審議委員會陳情未果時的絕望和失落感，還有秀妍的狀態，我就無法輕易開口建議他們這麼做。

我們鼓起勇氣申訴了校園霸凌事件，但不管是負責老師說，「因證據不足，很有可能『不處置』。」學校的消極態度或是必須重複向學校和審議委員會陳述被害經過，這種種痛苦的過程，都讓人像是在原地踏步。明明有許多間接證據，審議委員會卻用「加害者否認犯行，且沒有監視器畫面之類的直接證據」這種令人難以接受的理由，拒絕承認校園霸凌，這樣的結果對於秀妍和為人父母的我們，都是不願意再回想起來的事，這件事甚至嚴重到讓我們差點就失去秀妍。

在現今的校園霸凌相關制度下，受害者所要承受的痛苦，不亞於校園霸凌帶來的傷痛，然而若因為過程辛苦就什麼都不去爭取，結果一樣是一無所獲。秀妍的事件在提出行政訴願後受到認證，成了秀妍克服創傷的轉捩點；正如秀妍能夠以受害者身分得到保護一樣，進行校園霸凌申訴，會是改善生活的第一步。

世界仍與你站在同一邊——政賢

「爸爸、媽媽，對不起，我覺得我死之前，應該要先跟你們說一聲再去死。」

在一個與平時無異的秋天夜晚，接近午夜時分，政賢衝出房門說道。這是當時國二的政賢第一次向父母坦白，自己遭遇校園霸凌的事實。

政賢是從小學四年級與加害者同班之後，開始受到校園霸凌，一開始加害學生僅是玩笑似的欺負政賢，在發現政賢無法抵抗，而且不太會表現出來後，加害學生便開始霸凌他。到小學五、六年級的時候，就算不同班，加害學生也還是會到政賢的班上找他，在走廊上偶然遇到也免不了欺負他一番。

政賢之所以遭到這種對待卻無法向師長訴說，是因為加害者數次威脅政賢說，如果他透露口風就要殺了他。政賢活在恐懼之中，被霸凌了好幾年，原以為上了國中就能擺脫加害者，殊不知兩人不僅同校還同班，加害者又繼續霸凌政賢。

有一次班導恰好目擊政賢被欺負，斥責加害者，此後該學生便停止霸凌政賢，校園霸凌就此打住；到了二年級，政賢和加害者也被分在不同班級。然而禁受長期暴力後的政賢，產生了後遺症，每當他遇見加害者或是想起以前被霸凌的時候，便會有呼吸困難等等身體症狀，甚至出現自殺衝動，好幾次嘗試自殘、尋死。

最後，一個人默默承受所有痛苦的政賢，再也撐不下去，決定從自己的房間窗戶跳樓，不過他在自殺之前覺得應該要知會父母，所以才跑到客廳。

政賢的父母在得知事情原委後相當震驚，為了保護政賢，他們提出了校園霸凌申訴。校園霸凌對策審議委員會考量到暴力事態持續發生且犯行嚴重，以及政賢的受害程度相當嚴重等，勒令加害者轉學。可是並不是校園霸凌結束，加害者受到懲處後，政賢就能立刻回復日常生活，校園霸凌留下的傷害也沒有消失。

Q 政賢的校園霸凌創傷，有什麼樣的症狀？

政賢只要碰見或是想到加害者，就會想起那段時間的記憶，發生胸悶、呼吸困難的情形。我們也是後來才知道他曾偷偷瞞著我們自殘與尋死。我們帶政賢到附近的精神科看診，醫生說政賢的病情很嚴重，將他轉診到更高層級的醫院，後來他到大學醫院的兒童青少年精神科接受治療，當時已經是需要住院的程度。

經過一連串的住院治療、心理測驗、心理諮商後，政賢被診斷出患有創傷後壓力症候群和憂鬱症。目前接受精神科諮商與藥物治療已經兩年多，也持續在學校接受Wee校園諮商室輔導老師的諮商。

Q 加害者被勒令轉學，對政賢的創傷治療有幫助嗎？

那時候政賢的願望就是希望和加害者分開，因此強制轉學處分可以不用再遇到加害者，讓他最感到安心。透過懲戒進行隔離，對治療創傷有所幫助，再者，看到做錯事的人被處罰，也讓政賢對社會恢復信心。

加害者受轉學處置後，政賢的家人沒有停下腳步，而是進一步提出刑事告訴，要求警方進行調查並處罰加害者。為了寫訴狀，政賢需要回想被霸凌的過程，具體地整理出來，也必須到警局接受被害者調查，再度陳述相關事實，過程相當艱辛。即使如此，政賢的家人仍堅持提出刑事告訴的原因是什麼？

Q 在經歷刑事訴訟程序，政賢重新回想被霸凌經歷、寫訴狀、向警方陳述事件經過，這些過程帶來怎樣的影響？

我們希望能夠透過校園霸凌懲戒與刑事告訴、民事訴訟給予加害者應有的懲罰，並藉此多少消除政賢心裡的疙瘩。而且加害者不曉得自己的行爲造成對方多大的傷害與不快，在抗辯時表示只是在開玩笑，所以我們想要透過校園霸凌對策審議委員會與警方的調查，以及少年法庭的裁決，讓他知道這是多麼錯誤且危險的想法，希望他能有所領悟並自我反省。

政賢和加害者隔離之後變得比較穩定，但是在整理事發過程時，因為必須回憶過去而又出現心理不安的現象，甚至表現出以鉛筆扎身體的自殘行為。從短期來看，由於刑事告訴程序需要相當具體地陳述受害經過，回想過去所產生的心理壓力和憂鬱症惡化等，都會帶來負面影響，加重創傷症狀。然而就長期而言，在法律的保護下與加害者隔離，以及知道加害者若對自己進行報復會受到更大的懲罰，都有助於心靈上的安定。

後來檢警確認加害者的犯罪嫌疑，將加害者移送少年法庭，政賢的父母依據少年法庭的裁決，向加害者及其監護人提出民事損害賠償訴訟，藉由賠償補貼長期治療所需的醫療費、受害學生與其父母的精神賠償費等，這都是理所當然的事。然而就在少年法庭開庭前，加害者的監護人循民事訴訟起訴狀上的事務所電話和地址，找上我們事務所。

加害者的家長說，一直想向政賢的家屬謝罪，卻苦於沒有聯絡方式而無法付諸行動。他並沒有要辯解或逃避責任，而是展現出加害者家屬應該要有的姿態，說自己願用一輩子贖罪，只祈求受害者和受害者家屬一切安好，於是我安排政賢的父母與加害者家屬見面，讓家屬得以當面對政賢道歉。

Q 父母做了很多事幫助政賢克服校園霸凌創傷，最有效的是什麼？

對政賢穩定情緒發揮最大作用的是將加害者隔離的處分，以及持續接受 Wee 校園諮商室的心理諮商，而且我們一直盡力花更多的時間與政賢對話，藉由與我們聊天，分享自己的經驗和想法，政賢的狀態也穩定許多。

相對地，加害者的道歉雖帶給政賢些許安慰，但整體來說，在創傷這部分並沒有產生多大的影響。

Q 會想鼓勵對申訴校園霸凌猶豫不決的父母，即使過程困難，也要進行申訴嗎？

不論情節輕重，對大部分的受害學生來說，校園霸凌都難以承受，因為他們精神年齡尚小，也不清楚相關制度與程序，大多會以為這是無法解決的問題，而獨自消沉、默默痛苦。因此若是父母能夠不怕艱難，適時出面整頓狀況、解決問題，不僅可以將事件做一個了結，也能給予受害學生相當大的幫助。

他所盼的，只是一句真心的道歉——書俊

三年前，還是國小一年級的書俊，在社區遊樂場遭到集體霸凌，攻擊書俊的是一群與書俊素未謀面的國小二年級和三、四年級學生，雖是偶發性的暴力事件，但被六名哥哥包圍夾攻，對年幼的書俊造成偌大打擊，引發創傷。接下來要介紹的是與書俊母親訪談的內容。

Q 在書俊身上，媽媽看到的暴力創傷症狀有哪些？

在事件發生之前，書俊是個自尊心強，且獨立開朗的孩子，但是在遊樂場事件隔天，他就出現焦慮和退化症狀，除了一時一刻都無法和我分開之外，還做出模仿幼兒

喝奶的樣子，講話含糊不清，並開始出現抽動症狀，比如反覆發出意義不明的聲響、翻白眼或皺臉等等，各種聲語型和動作型抽動症狀重複不斷，後來到精神科診斷的結果是「急性壓力引起的抽動症與退化症」。

對於才國小一年級的書俊來說，那天發生的事件想必是無法用言語表達的極度恐怖。他的案例讓我們看到，就算校園霸凌只發生一次，對年幼的小學生來說也是精神上難以承受的經歷，同時也讓我們看到校園霸凌對幼齡的受害者，會造成什麼樣的心理創傷。

我向書俊媽媽進行訪問的時候，她坦言雖然她對六名加害者提出校園霸凌申訴，但其實一開始她並沒有想到要進行申訴。

Q 讓您決定要申訴的理由是什麼？

小學低年級的孩子彼此起衝突，是成長過程中在所難免的事，當孩子們無法自行化解這些衝突時，父母就會介入調節。發生校園霸凌問題時，我認為最理想的解決狀況，是加害學生的父母教導孩子如何道歉，而受害學生的父母也教育孩子以寬容的態度接受道歉。

然而，書俊遇到的情況是六名加害學生中，只有兩名真心誠意道歉，其他的學生都忙著互相推卸責任，編造謊言與藉口，而且他們的爸媽包庇自己孩子的作為，還反過來怪罪書俊。

為了要治療書俊的創傷，加害學生的「真誠道歉」是不可或缺的一環，而要讓這些立場各不相同的學生道歉的唯一一個辦法，就是進行校園霸凌申訴，所以我才決定提出申訴。

在書俊媽媽申訴校園霸凌後，校園霸凌對策審議委員會召開，然而審議委員會卻聽信加害學生與他們家長的謊言與藉口，做出這不屬校園霸凌的結論，也就是在一對多的狀況下，審議委員會站在了互相套好說詞的加害者那一邊。書俊媽媽不服審議委員會裁決，向教育廳提出行政訴願，而在教育廳的行政訴願委員會認定，該起事件不能被視為單純的遊戲，而是數名較高年級的學生集體攻擊低年級學生的暴力事件，因此對加害學生處以第一款懲戒「書面道歉」。這樣的結果對書俊走出校園霸凌陰影是否產生助益呢？

Q 先前審議委員會不承認是校園霸凌，在行政訴願後終於承認，這結果對書俊克服創傷有幫助嗎？

校園霸凌對策審議委員會採納加害學生們的主張，做出「這是遊戲而非校園霸凌」的結論，書俊聽到這個結果反問我，「我沒有跟那些哥哥玩，是他們欺負我，為什麼他們不道歉？」

為了回答這麼簡單的一個問題，我們決定要提出行政訴願，最後受害事實也得到認定。書俊聽到行政訴願判定自己受到的欺凌確實是校園霸凌，而不是孩子間玩耍後，他很高興終於可以得到那些哥哥們的道歉。

一開始校園霸凌對策審議委員會將暴力視作遊戲，且未做出任何處置，這樣的結果一方面也成了加害學生的免死金牌。加害學生的父母開始公開指責我們，在學生家長間開始煽動輿論，而加害學生則徘徊在仍持續接受精神科治療的書俊身邊，使他受到刺激。

在這樣的狀況之下，能於行政面上取得校園霸凌受害事實的認定，對我們一家人來說是相當重要的事，因為它正式證明了加害學生的行爲，是「霸凌」而不是「玩耍」，書俊則是遭到他們欺負的「受害學生」。

加害學生受第一款書面道歉懲戒處分，書俊也終於可以得到他想要的道歉。打從一開始，書俊最想要的就是他們真心誠意的道歉，雖然其中也有人始終不願意履行，但大部分的人都寫了真誠的道歉信給書俊，這對書俊的創傷治療帶來許多幫助。

Q 曾嘗試哪些方法幫助書俊克服校園霸凌創傷，最有效的方法是什麼？

我們最先做的就是透過精神科的診斷掌握孩子的狀況，在醫生建議之下正式接受心理治療。我們花了一年多的時間和心理醫師溝通、檢視孩子的心理狀態，努力消解書俊心中的創傷。

第二件事則是改變書俊的環境，為此我們決定向學校申請體驗式學習，展開濟州生活。一開始去一個月，放假的時候則在濟州待了兩個多月，為治癒書俊的傷痛而努力。我們默默地登上山坡、行走偶來小徑、進行對話，也每天看海，以此增強耐力，消解鬱悶的心情，並且一起努力培養寬容的心胸。

在這樣往返於韓國本島和濟州，為治療創傷作努力後，現在書俊比受傷害前還要堅強、成熟。

從申訴校園霸凌到收到行政訴願結果，歷經一年多的時間，一路上也和加害學生的家長發生過爭執。實際進行申訴流程的時候，許多家長會感到害怕與吃力，因此我也想知道書俊的母親是否曾後悔進行申訴；現在知道這段路需要花費這麼多時間與心力，若回到當初，她是否一樣會選擇申訴。

Q 若回到事發當時，您一樣會選擇申訴校園霸凌嗎？

會。最主要是因為書俊希望能夠獲得加害者的道歉，所以我們面對艱難的過程，仍堅持走行政程序到最後一刻。在校園霸凌對策審議委員會、行政訴願、爭執等等的漫長過程中，我們不斷確認書俊的想法，他想要道歉的意志相當堅定，因此我們更能努力熬過來。

另一個提出申訴的動機則是，「問題既已發生，就得想辦法解決」的原則。孩子因為被霸凌而痛苦，我沒有信心可以若無其事地告訴他，這沒什麼大不了，合理化這些事情並繼續生活。我們不僅為人父母，也是成熟的大人，所以有很大一部分，我也是希望能夠讓他學習遇到問題的時候，要如何有智慧地去解決問題。

雖然過程相當辛苦，但以結果來看，書俊和我們一家人在解決這件事的過程當中學到了許多，且經歷了刻骨銘心的成長，如果時光倒流，我也會選擇同一條路。

Q 懲戒的書面道歉是最低層級的處罰，若是加害者受到更重的懲罰，對治療書俊的創傷會更有幫助嗎？

書俊的事件和持續在校園內被霸凌的案例不同，加害者的處分重或不重並沒有太大的差異，反而是加害學生的真心道歉，對書俊療傷才有更大影響。事件發生後兩年，有兩名學生寫下親筆信，真心表達他們遲來的歉意，收到信的那一天書俊相當開心，還將自己的心情寫成日記。對書俊來說最重要的不是加害者受到怎樣的懲罰，而是他們真心的道歉；經歷收到道歉並原諒自己的過程，書俊也得以治癒心中的創傷。

Q 您會建議正猶豫是否要申訴霸凌的父母，即使過程困難也要進行申訴嗎？

如果加害學生真心覺得抱歉，希望可以道歉的話，同是為人父母的人，我覺得最好的做法是鼓勵孩子要有接受道歉的雅量，但是如果加害學生和他們的父母絲毫不知反省，那我會建議家長提起校園霸凌申訴。孩子遭到不公平的對待而痛苦的時候，父母就是孩子最強大的後盾，必須讓孩子知道他可以信任父母，因為「爸媽是這麼關心我的事情，而且永遠都會是我的避風港」。

當校園霸凌發生的時候，最能夠積極保護孩子的辦法就是提出申訴。這可以讓加害學生意識到自己欺負別人會受到懲罰，也可以讓他們知道受害學生背後有強大的父母撐腰，進而作為一種避免他再次傷害別人的防禦措施。

換句話說，申訴校園霸凌是讓我的孩子知道，他有可靠的後援，給他們繼續生存在這個世界上的力量，也有阻止加害學生再犯的效果，因此我認為值得推薦。

即使仍在同一所學校生活——延珠

現年高中二年級的延珠，原本是個模範生，不僅善於社交且成績優秀，總是受到周遭朋友的信賴。國中時期，每當有校內團體活動，延珠總會受到各方邀請，沒辦法和每一位邀請她的人一起參加，反而才是她的煩惱；當時的校園生活充實愉快。直到上了私立高中名校遇到同班的加害者，原本幸福的延珠遭遇了巨大的不幸，甚至出現過想死的念頭。

加害者表面看起來個性活潑，但其實是個言行粗暴的學生，不僅說話不經思考，也是個喜歡在同學之間握有掌控權的人。他會先以當朋友做藉口接近目標對象，等你覺得跟他變熟了之後，就使喚你跑腿，每天責罵你，把你當作排解壓力的出氣筒。

加害者在學期一開始，在班上就盯上了為他人著想、不善於拒絕的延珠，他使喚延珠跑腿，對延珠恐嚇取財、施加語言暴力，並切斷延珠與周遭同學的關係，讓延珠遭到孤立，整整一個學期，延珠的心理狀態都受到加害者支配。

在中訴校園霸凌之前，延珠採取了一個方法來脫離霸凌，也就是在每節下課和午休時間，都戴上耳機趴在桌上睡覺，以此避免加害學生來找她講話，這樣當然不可能有正常的生活；到了第二學期，延珠的成績一落千丈，每天早上都不想上學。

看到延珠表現出不同以往的憂鬱面貌，延珠父母意識到她一定是遇到了什麼事情，經由他們的說服，延珠說出這段時間發生的事情，他們才得知此事。

Q 您在延珠身上看見哪些校園霸凌的創傷症狀？

她每天放學回家的時候，我都會問她，「今天有發生什麼事嗎？吃過飯了嗎？怎麼又不吃飯了？」諸如此類連她國小的時候我都不會問的問題。

以前看連續劇或電影主角被情緒勒索的時候，都不能瞭解為什麼他們無法擺脫束縛，為什麼無法做出回應，但看到我女兒經歷的狀況之後我就明白了，心理上的攻擊與支配，會使人心智混亂、無法思考，變得畏畏縮縮。

延珠對事件出現短期失憶的症狀，應該是為了生存而無意識地將受凌的記憶抹去，過了好一段時間，延珠才突然談起之前從未提及的受凌經歷，醫生說當受到太大的打擊，且問題持續無法解決，大腦就會為了保護自己而刪除記憶。

延珠因為無法專心讀書，導致成績下滑，她說打開書本的時候，上面的字模糊不清，根本看不清楚。而且因為恐慌症無法搭乘大眾運輸工具，她在寒冷的冬天也步行一個多小時上下學，因此放假期間，她停掉所有補習班課程，只待在家裡。

只要想起被加害者欺負的事，她就無法入睡，就算吃了藥勉強睡著，也會做惡夢。她還會自殘，像是用拳頭捶牆壁或書桌，導致手背破皮受傷，或是在寒冷的冬天裡說自己胸悶，而穿著短褲赤腳奪門而出。

Q 您下定決心要提出校園霸凌申訴的原因是什麼？

延珠原本很猶豫要不要提出申訴，不過她說是一位關心她的班上同學給了她勇氣，那個同學說自己在國中的時候受過霸凌，也提出申訴，並告訴延珠申訴不是一件壞事。

起初我們將這件事告訴學校，原是計畫如果加害者道歉，並答應不會再犯，那我們就不打算進行申訴。然而校方表現出一副不想將事情鬧大的態度，說他們也無能為力，而加害者和他的父母不僅不道歉，還一味否認，我們才不得不提出申訴。由於加害者不知反省，學校似乎也沒有要保護延珠的意思，所以我們判斷只有採取校園霸凌申訴一途，才能保護延珠。

於是校園霸凌對策審議委員會召開審理延珠的案件。雖然加害者對自己的霸凌行為一概否認，但部分事實被認定是校園霸凌而遭到嚴懲。這一連串的過程和懲戒結果，對延珠走出創傷有什麼樣的幫助呢？

Q 校園霸凌申訴過程與懲戒結果，對延珠的霸凌創傷帶來怎樣的影響？

提出校園霸凌申訴之後的經過，對延珠絲毫沒有任何幫助，因為校方態度大有問題。一開始學校說，「沒有證據，就算申訴了也沒用。」試圖勸退我們，在我們申訴之後，也以要保持中立為由，要求延珠絕對不可向身邊的朋友透露霸凌相關事實，也不對學生進行調查，沒有為釐清事實做出任何一點努力，反而是班上的同學問為什麼不進行調查，自動自發寫了陳述書。延珠對學校和老師失去信任，憂鬱症、恐慌症惡化，甚至認真考慮過退學。

Q 延珠嘗試過什麼樣的方法克服創傷？

在申訴校園霸凌之後，延珠接受學校引介的 Wee 校園諮商室的心理諮商，但輔導老師質問延珠「為什麼不向加害者表達強烈拒絕之意」，用怪罪受害者的方式進行諮商，所以進行了兩次就沒再繼續了。後來延珠到精神科接受心理諮商與藥物治療，慢慢找回平靜。

是因為名校的頭銜與敏感的大學入學考試問題嗎？校方的態度相當令人失望。他們一心只想堵住學生的嘴，防止事件洩露。只要想想老師們的消極態度以及輔導老師不恰當的言語，帶給延珠多大的傷害，就可以知道校園霸凌發生之後，大人們的反應對霸凌創傷有多麼大的影響。

延珠升上二年級後和加害者分在不同班級，但因為仍在同一所學校就讀，還是會再遇見對方。

Q 走過校園霸凌程序後，延珠現在過得如何？

雖然不同班，但在學校各個角落還是無法避免會碰到加害者，延珠說看到加害者對其他同學仍然持續類似的行為，讓她覺得很難受。不過延珠身邊的朋友都和延珠站在同一邊，安慰她並積極保護她免於碰見加害者，他們的同理心和關懷，對延珠克服創傷有很大的幫助。

另一方面，知道加害者的真面目後，同學們都不想靠近他了，這也是他自作自受。延珠已經不像之前那樣會害怕或避開加害者，而是嘗試正面迎擊。聽她說，她會刻意在對方面前表現出自信不退縮的樣子；我想在朋友的幫助之下，她已經變得堅強許多。

Q 您說申訴校園霸凌等程序對延珠無益，那對猶豫是否要提出申訴的學生與父母，您會想建議他們申訴嗎？

我會勸他們進行申訴。雖然就結果來看，學校的態度造成延珠更大的傷害，但是如果學校對校園霸凌問題能夠敏銳一點，在收到申訴的時候能夠積極反應，那我想一定會有幫助。

延珠曾說，受害者最需要的是能夠自在談論校園霸凌問題的風氣。並不是逃避問題，受害者傷口就會癒合，只要看見類似的情況，他們就會不斷回想起自己的經歷，一想到自己逃避問題，心裡就會更難受。而且只有提出申訴，才能引起加害者的警覺心，避免出現其他受害者，也可以讓事件在校園裡被公開討論。

把加害者從我的人生送走——瑛恩

二十四歲的瑛恩，是國中二年級時遭遇校園霸凌的受害者，四名加害者以言語暴力、網路暴力為始，斷絕瑛恩與其他人的往來，對她霸凌了一年有餘。

瑛恩在經歷校園霸凌時，並非只有默默忍受而已，她提出了校園霸凌申訴，讓加害者們受到校園服務等懲處，也進行了刑事告訴。然而這樣的懲罰，並未幫助緩解瑛恩的校園霸凌創傷。瑛恩在成年以後，仍持續受創傷所苦，她想也許對加害者追究法律上的責任，會有助於撫平創傷，所以在兩年前來到我們事務所諮詢。她試圖對加害者提出民事訴訟，但在中途改變心意，現在則是邊克服創傷，邊過著自己的人生。

Q 瑛恩，妳的校園霸凌創傷有哪些症狀？

我經歷校園霸凌後，原本的自我和個性便消失無蹤，取而代之的是學業中斷、精神科治療，還有人際和情感上的孤立，這些痛苦一直延續至今。

具體來說，我有嚴重的自殺與自殘衝動，過去十一年來，一直因為抑鬱和焦慮症，而持續接受精神科的藥物治療和心理諮商；青少年時期的我很難與他人建立關係，對社交活動的恐懼限制了我，使我有很長一段時間無法到外面活動，也因此延遲升學。我對人與關係有相當大的恐懼，尤其是害怕到公共場所，甚至有好幾次在搭乘大眾運輸工具的時候，因恐慌發作而被送醫。我住院治療了三年左右，因為自殘的關係，也接受過骨科和整形外科的治療。有一次因嚴重自殘，皮膚受到極大的損傷，甚至傷及手指韌帶留下後遺症，目前仍在接受復健治療。

Q 妳在校園霸凌發生後提出申訴，也透過警察提起告訴，讓加害者接受少年法庭審理。這些程序是否有助於克服創傷？

沒有幫助。剛開始發生霸凌時，我將這件事告訴二年級的班導，但是班導先是聽了加害者的辯解，然後反過來問我，「是不是佯裝受害者」、「這只是朋友間的爭吵吧」，帶給我二次傷害，所以我並沒有讓學校知道我正遭到霸凌。後來升上國三後，我才打117（校園霸凌申訴專線）[28]申訴。

不管是校園霸凌申訴還是刑事告訴，過程中有太多時候需要受害者證明事實，被要求找出證據證明自己受害，讓我痛苦了好幾個月，我甚至一度後悔提出申訴。而且少年法庭對加害者所判處的處分，不會留下前科紀錄，對他們不會有任何影響，於是有人勸我進行和解。我心想反正他們不會受到嚴罰，不如接受道歉與和解金，用於療傷，所以最後選擇和解。

28 臺灣教育部反霸凌投訴專線：1953

在事件過了很長一段時間後，加害者的懲戒才出爐，雖然得到他們的道歉，但遺憾的是，這對我克服創傷並沒有任何幫助。

未來趨勢將對於再犯與霸凌傷害結果進行評估是否塗銷前案紀錄，非完全無紀錄

臺灣少年事件處理法因為「2023 年新北國中割喉殺人案事件」又再提修法，本次針對前案紀錄要進行修正。初步針對再犯與重大傷害事件會保有前案紀錄，不進行塗銷，以保障後段學校與日後他人的安全與自我保護意識。

Q　如果當時加害者被判更重的懲戒，對妳療傷會有幫助嗎？

我知道近來有許多不同的意見，包含應該對校園霸凌加害者採取嚴厲的懲罰措施，不過身為校園霸凌受害者，我覺得嚴懲或處罰加害者，並無助於解決我的創傷或痛苦。

Q　妳認為有哪些措施，可以幫助克服校園霸凌所帶來的創傷？

我認為一開始告訴班導的時候，班導就應該要告知學校此事件，在校方確實掌握狀況後，就應儘速做出因應。班導既然透過受害學生得知霸凌事實，就應該立即為受害學生提供支援；還有，最好就是快速阻止加害學生的行為，且學校與管轄警局合作討論後續的程序；在校園之外，也應該儘早提供心理健康與法律上的援助。

Q 妳為何會在成年之後採取法律途徑，提出民事訴訟呢？

由於校園霸凌發生當時，事件並沒有被好好解決，導致我的狀況更加惡化，所以我想向加害者追究責任。受到霸凌後，我的人生朝出乎意料的方向轉變；因為孤立與封閉自己，我不僅沒有社交經驗，也無法實現我的職涯目標；反觀加害者卻順利適應社會生活，我很想讓他們知道這種弔詭的狀況，也希望他們好好向我道歉。

第二個原因是我認為我需要經濟上的損害賠償。當初拿到和解金的時候，我沒有料到會需要治療這麼長的時間、負擔這麼多費用。

Q 妳準備提出民事訴訟，為何卻中途改變心意？

律師您曾告訴我，事隔多年，即便我提出告訴，勝訴的機會也相當低。起初我要的只是讓加害者知道我過得多麼痛苦，並不在乎能否打贏官司，然而我必須證明是校園霸凌造成我支出這些治療費，這樣的過程彷彿將我拉回當年申訴校園霸凌的情景，於是我就放棄了。

在準備訴訟的這段期間裡，我的憂鬱和焦慮症更加惡化，還因此再次住院。我思考過這場訴訟會持續多久，以及我有沒有辦法承受反駁加害者的過程，結論是，採取法律手段，並無法讓我完全擺脫這份痛苦和過往的記憶，反而是讓我又深陷過去。

所以我決定不再去關注加害者的人生，而是專注在我自己身上。現在我想要真正地活在當下，更關心自己、更愛自己，不再活在過去的記憶裡。

Q 這些日子以來，妳做了哪些嘗試撫平校園霸凌創傷呢？

國二在學校被霸凌，因為太過痛苦，所以有搜尋過如何取得幫助，後來查到住家附近保健所的精神健康保健中心，有提供心理諮商服務，於是請我媽媽幫我預約，並接受了諮商。

諮商結束後，諮商師說我有重度憂鬱症必須治療，建議我到兒少精神健康科醫院，所以我又預約醫院門診，在醫院做了綜合檢查後，開始接受藥物和諮商治療。開始接受藥物治療後，我的憂鬱狀況有所改善，便重回校園，但是在加害者們的再度霸凌之下，我不得已中斷學業，生活只剩下家與醫院。之後，我考了學力鑑定測驗想升高中，但我仍跟加害者住在同一個地區，很害怕會在同一所高中遇到他們。那時我的興趣是美術，美術老師建議我可以去讀藝術高中，我都已經達到入學門檻了，最後卻因為憂鬱和焦慮症害怕回到校園而放棄。

現實使我不得不放棄未來職涯夢想，令我感到挫折。不過從十七歲起，我到社區的動物保護市民團體服務，接觸到許多弱勢族群，與他們感同身受，這些經歷對我撫平創傷有很大的助益。找到我可以做的事，而我能力所及的事情對這個世界有所幫助，這樣的經驗意外給了我力量。和動物保護團體一起救援的孩子也成為我的家人，為我帶來許多幸福與快樂。這期間，我持續接受治療，盼望自己能一點一點好起來。

此外，十八歲那一年，我鼓起勇氣進了另類學校（alternative school）[29]，在那裡的一年多，我嘗試了許多過去沒辦法做的事，例如和同年的朋友交流、培養關係，學習分享我的困難；我和朋友去旅行，也和朋友吵過架，透過這樣的過程練習如何與人相處，也參與了一些校外活動。

從另類學校畢業後，我變得比較有活力，於是開始運動，沒多久運動就成了緩解我沮喪與焦慮的一個方式。另外，我參與青年作家團體、藝術團體，一路持續記錄了我的傷痛。

比起希望我經歷過的事件、情緒、記憶和創傷完全消失，反而是試圖接受它們成為我人生的一部分，並慢慢遠離它們；我投入最多的部分是心理治療，除了醫院的治療之外，在日常生活中，我也會著重思考什麼對我來說最重要，我應該要做什麼才能活在當下，並付諸行動。

當然我不是一開始就有這種想法，這也不是能馬上做到的事。長久以來，經歷的

29 和主流體制不同的教育，如另類學校、在家自學、學徒制和社會教育。另類學校與在家自學、學徒制和社會教育不同之處，在於前者的教育仍在學校當中進行。由於另類學校多半是以一個明確的教育理念為基礎，也稱為理念教育。

諸多挫折將我推入谷底，在無數次的失敗與放棄之下，有很長一段時間，我都相信自己再也無法獲得幸福，似乎從來沒想過自己能夠克服創傷，純粹是當順利度過一天，就自然而然多活了一天，於是就這麼走到了今天。在真正痛苦難熬的時候，甚至無法想像能活到現在這個年紀，因為我很篤定，會在二十三歲前就死去。

想克服創傷，就必須拋下盯著加害者的生活、暗自忖度要過得比他們好的執著。生活中獲得的小小成就感和幸福，讓我得以活在當下，在身邊真心為我加油的人，才是我生命中最重要的人，所以我想要專注在我珍惜的人身上，而不是加害者。

Q 在克服創傷的過程當中，對妳最有幫助的是什麼？

就是專注在自己身上，好好堅持現在的生活。還有擁抱自己，原諒過去自責的自己也有幫助。

我還記得他們的行為、言語和不堪入耳的髒話，而對我最有效的方法就是好好照顧自己，安慰並理解過去的自己，而不是責怪自己，覺得「是不是因為我做錯了，才會遭受這種對待？」也不要去執著「是不是當初這麼做了，就會有所不同？」

總之，客觀看待這些事件，將過去的記憶抽離我現在的生活，並活在此時此刻，這在我克服創傷的過程中發揮了最大的效果。

Q 父母、家人和周遭的親朋好友給妳什麼樣的幫助，讓妳得以克服創傷？

不論我遇到什麼情況，我爸媽總是在身旁告訴我「不要緊，我們會陪著妳」，他們也確實一路陪伴我。一般長輩對精神健康醫學科可能會有偏見，但我父母從來沒有表露出這樣的態度，而是默默陪我一起治療。我傷害自己的時候、住院的時候，他們也從未責罵或怪我，總是告訴我，難受的時候我們一起承受，總有一天會好起來。

我身邊的親朋好友並沒有將我視為生病或憂鬱的人，就只是把我當作我來對待，毫無偏見，這對我很有幫助。

Q 妳是否會想透過私刑報復或校園霸凌 #MeToo 來解決校園霸凌？

是的，我有過這樣的念頭。當我知道其中一名加害者，仍與我生活在同一個地區，在附近的醫院工作，且周遭的人還說他真的是個好人的時候，我曾經想過要進行校園霸凌 #MeToo，因為一想到那家醫院可能是我恐慌發作暈倒時會被送去的地方，我便感到憤怒、不安，也擔心會碰見加害者，促使我想要揭露他的過去。不過這件事不符我的道德觀，每當我有這種想法的時候，我都會感到一股不快與自責，於是便作罷了。至於私刑復仇，我知道一旦決心這麼做，人生也會跟著崩壞，而且這更加不符我的道德觀，所以不管是在怎麼樣情緒化的時刻，我都沒有想過這件事。

Q 對談前，妳提到如果要完全為自己而活，就必須讓加害者離開自己的人生，是什麼契機讓妳有這樣的想法？

有一次當我端詳自己，發現我已滿身瘡痍。我的手臂、雙腿、腳踝、手、腳……因為自殘無一處完好，而且我的精神健康狀況相當惡劣，那時是我第一次產生想要為當下而活的想法。

為此，我做的第一件事就是人際關係的斷捨離。因為我對人際關係抱有恐懼，從來沒拒絕過人或說出逆耳的話，所以我回顧所有不論喜歡與否我都努力維持的關係，整理了讓我感到不舒服的人際關係。然後不管他人會怎麼看我，我開始坦率地說出自己的困難，和想要傾訴的事，而我身邊珍貴的人，也會側耳傾聽並理解我。

我也停止關注加害者，封鎖了所有能夠聽見他們近況的管道，也拜託身邊的人不要告訴我，甚至退出所有社群帳號，以免不小心偶然看見他們的近況。

之後，開始思考我現在要做什麼。由於人生停滯了好長一段時間，所以我一直有必須比別人做得更好的強迫症，結果導致即便服用大量的鎮定劑也無法入睡，且不吃正餐只喝咖啡，讓胃變差，還時常嘔吐。因此，我停下腳步，努力去瞭解現在自己最需要的是什麼，然後專注於照顧自己，告訴自己做得不好也沒關係，讓自己安心。

雖然聽起來有點老套，但不管是生理還是心理，都是要先吃飽睡好，才能做得好，於是我花心思建立了一套睡前例行公事來提升睡眠品質，也專心好好吃飯；另外我也注重讓心情放鬆，比如在家裡打造出可以舒心休息的環境等等。

這樣努力下來，開始覺得不管我什麼時候做什麼事，都不需要跟別人比較，因為沒有人可以定義我存在的價值。雖然無法時時刻刻維持這樣的心態，但我的想法變得比較靈活健康，幸福感也隨之增加。現在就算我不特意去控制意識，也自然而然覺得加害者的人生如何，對我來說並不重要，而且說不定有一天我也可以原諒他們了。

轉念之後，我有了很大的改變，現在不再需要住進精神科急性病房，也已經很久沒有因自殘進急診室，不僅服用的藥物減少，到醫院的次數也更少了。

現在的我，拯救了過去年幼的自己——惠婷

惠婷是一名二十四歲的優秀企業家，現在很難想像她曾經歷過嚴重傷痛，不過她是從二〇一〇年起，在一個自稱教會的宗教機構裡受凌長達一年多。加害者是時值十九歲的牧師兒子，在未成年教友組成的青少年部擔任指導者。當時惠婷就讀國小六年級，是青少年部成員中年紀最小的一個。

惠婷從七歲起就和家人一起上這間教會，而遭到霸凌則是從加害者自海外留學歸國成為指導者開始。加害者彷彿自己是牧師，恣意講道，並要求成員們絕對順從與服從。他時常拿著棒球棍，恫嚇不順他意的人，他找人麻煩時最常用的理由，包含了不積極禱告或是對信仰有所質疑。此外，他還帶頭霸凌，稱那些不服從他的人是「受魔鬼役使之人」，阻止其他人與那些人交談，並無視他們。

某天，加害者以惠婷質疑自己的講道內容為由，將惠婷逐出青少年部，並開始向

教會信徒散播謠言，說惠婷被魔鬼附身，藉此來排擠她。其他孩子擔心自己和惠婷聊天或是互動會被加害者討厭，所以完全不和惠婷說話，連大人都把惠婷當作壞孩子，說她「小小年紀就行為偏差」「是墮落的孩子」。

加害者之所以握有這樣的支配力，是因為他是宗教領袖的兒子，而所有教友都絕對服從他們的領袖；這可以說是最惡劣的欺凌行為，不僅是同齡的孩子，連大人也參與其中。

一年後，二十歲的加害者對國中一年級的惠婷施加情緒虐待，他告訴惠婷：「上帝說祂相當討厭妳，妳是極為邪惡又墮落的人。」又說：「我看了妳的靈，妳徘徊在要走上帝的路、還是走撒旦的路之間。」然後強迫惠婷在所有青少年部成員面前下跪悔改，他讓年幼的惠婷認爲自己是罪人，迫使惠婷整整一個小時在所有人面前，向青少年部的每一個成員一一下跪，哭著乞求寬恕。

惠婷無法退出教會，因為加害者威脅她，如果她退出教會或是揭露加害者的暴行，她就會下地獄。直到惠婷的父母意識到這個教會不對勁，並不是普通的教會，她才終於能脫離這裡。

Q 妳經歷過什麼樣的暴力創傷？

我是在十三歲到十四歲之間遭遇了這件事，我原本堅信我已經勇敢熬過所有霸凌，但它卻開始一點一滴地影響我的日常、校園生活和性格。

結束了不正常的宗教生活後，我以為只要到學校，我的人生就能步上常軌，然而我卻一直有想了結自己性命的念頭，因為我覺得必須獨自承受所有的折磨、痛苦和身心上的傷痛。學校同學都很善良也對我很好，但在我傷口癒合之前，我很難與他人建立關係。我帶著深深的傷痛和支離破碎的自尊感，封閉了自己，不讓其他人靠近，甚至有一整年的時間，沒有任何朋友聽過我說話。

升上國二之後，我仍無法適應人與人之間的關係，老師叫我名字的時候，我就會想起加害者叫我的情景，心臟不受控地狂跳；我總是活在焦慮不安和戰戰兢兢的狀態下，每一天都像是必須「堅持下去」的任務，而不是「生活」。有一個朋友注意到我當時的樣子，後來變熟之後跟我說，那時候的我是他見過的人之中最黑暗的一個。

隔年我才總算交到朋友。教會的經歷歷歷在目，要戰勝這些痛苦已經很不容易，所以能交到朋友對我來說是種奢侈。第一次和朋友出去玩、一起吃好吃的東西和去朋友家玩的時候，我不禁想：「如果我只是個普通的國中生，沒有那種回憶，是不是就能更早感受到幸福？」另一方面，我也很羨慕能夠過著平凡日子的朋友，因為他們不像我，在教會經歷過那些事情後，早已習慣揣著焦慮與緊張度日。

儘管如此，那一段時期於我而言，就像是在跟關上心房兩年的我說，妳現在可以敞開心扉了，所以我鼓起勇氣流淚，承認自己很痛苦，好不容易說出來後，才開始接受精神科的治療。一開始去精神科治療的時候我非常開心，因為我把話說出來後，傷口好像就被治癒了，我開心到甚至想要天天報到。然而，一直壓抑的情緒一次爆發，也使得那些痛苦的情緒又變得鮮明。

放學的時候，我就坐在樓梯上哭，無法回家，即使回到家裡，也是哭個不停。畢業旅行的時候我和朋友聊到死亡，他們勸阻我，但我已經到達極限，只想放下一切好好休息。後來升上高中，第三天我就申請退學了。

人生太過沉重，霸凌的事情發生在我還無法承受的年紀，即使時間流逝，我的心理始終是畏縮的狀態，如同深刻的後遺症、永遠除不去的疤，就算記憶模糊了，被霸凌的殘影仍繼續留在我身上。

某一天，我突然發現自己持續哭了五個小時，即使經過這麼長的時間，小時候的記憶仍然如此強烈。羞恥、屈辱、侮辱、無助、淒慘和悲傷，深深地滲入我記憶模糊的部分，那些謾罵、欺凌、無視、輕蔑的眼神，和跪在地上悲慘求饒的記憶，已經不是簡單地用「遺忘」就可以解決的問題。

惠婷受長期創傷折磨，終於在二十一歲時，對加害者提出刑事告訴，她能夠提告是因為加害者的行為並非單純的暴力，而是對年幼兒童的精神虐待，而追訴權的消滅時效是自惠婷成年後開始算起。

惠婷表示，她透過刑事告訴走出了陰霾，開始專注於現在的生活，也透過政府的青年輔導計畫獲得創業機會。刑事告訴是如何幫助她克服創傷的呢？

Q 讓妳決定要提告的契機是什麼？

我原本並不清楚自己遭遇到的是什麼，直到我偶然看見一篇討論兒童精神虐待的新聞報導，發現與我的經歷相似，才意識到我遭受的是犯罪與暴力行為。

我有提過我哭了整整五個小時，我並不是沒有接受過心理諮商，也不是沒有跟朋友坦白過小時候經歷的事，卻還是淚流不止，於是我想：「如果我不提告，等時間過去，以後我會連自己遭遇過什麼樣的事情都無法說明，只能不停流淚。」

知道加害者對我做的是犯罪與暴力行為，才知道為什麼我會那麼痛苦，同時也想透過提告來突破困境。

提起刑事告訴時，必須喚起過去的記憶，並到警局做筆錄等等，重述數次，這對部分受害者來說是另一種痛苦的過程，甚至讓他們放棄提告等法律程序。

然而惠婷卻表示，這段期間對她來說反而是治癒創傷的過程。

Q 我們回顧過去，過程中妳必須回憶那些不想記起的記憶，妳不會覺得難受嗎？

在見到您之前，我接受過許多次心理諮商，但心理諮商並沒有幫助我克服創傷。家人、朋友、心理諮商師對暴力或是犯罪的理解不多，無論我怎麼說，他們都無法理解，只是問「原來這件事造成妳這麼大的創傷嗎？」這就像是新手爸媽照顧嬰兒時，小孩哭了卻不懂小孩為什麼哭一樣，不管我再怎麼說明，他們會同情我，卻無法真正明白我為什麼過得不好。

不過和您討論的時候，您馬上就知道加害者的行為屬於暴力行為，當我把腦子裡的模糊記憶具體化成文字時，它們就變得清晰起來，讓我可以更客觀地判斷，當時加害者對我做的哪些行爲不對。

在進行這項作業時，我年紀已經和當時加害者的年紀相仿，我的想法是「如果是我，就不會像他一樣」、「怎麼看都是加害者的錯」；事件發生當時，加害者對我來說是相當大的存在，他說的話都是對的，而且因為他是牧師的兒子，所以有很多人站在他那邊。然而在準備告訴的同時，我可以客觀地看待這起事件，並認知到整件事純粹是他做錯事，而不是像他洗腦大家時所說，是因為我有罪，才會遇到這些事。

那時候加害者恣意行使暴力，周遭的人也只聽他說的話，現在我也有話想說，不管他的暴力被承認與否，我都想說出來。

Q 妳在警方偵查時做筆錄，又在法庭上以證人身分作證，妳怎麼看待這些經驗？

第一次接受警方的受害者調查時，我雖然緊張卻也相當高興，因為有種接受心理諮商時，也無法解決的情緒問題，在警方偵查過程中，反而獲得解決的感覺；一般人會在情感上認真傾聽，溫暖待你，但是偵查過程排除情感因素，只以事實真相為主，這對我來說相當痛快。

總地來說，整理過去的記憶，讓我能客觀地看待這起事件，法律程序進行的過程當中，我覺得自己握有這個案子的主導權，也讓我有了活在當下的感覺。這是現在的我，拯救過去年幼自己的過程，我從其中獲得療癒。

加害者因對兒童施加精神虐待被判有罪，並處以罰款，不過惠婷以證人身分出庭後，直到為了訪問而與我再次見面為止，都不知道判決結果。

大多數的受害者提告，都是為了懲罰加害者，在結果出爐前總是焦急忐忑，也會在這個過程中感到疲憊，我很訝異惠婷提告過後，卻不曉得結果，她說自己並不是特意避開不看，而是不論判決結果如何，她都不感興趣，因為她已經活在當下。

Q 如果加害者被判無罪，妳會如何呢？

我還沒去檢察廳確認結果，不過就算加害者被判無罪，我應該也不會太介意。您在打官司時曾說：「調查與審判的過程，對加害者來說就是一種懲罰。」這句話對我有莫大的幫助。而且，說實在的，不管受害者再怎麼痛苦，加害者也不會被判處無期徒刑，既然如此，那還不如更專注在自己現在的生活上。學生時期，加害者的存在感大過於其他事物，但經過這些歷程，我認知到加害者已經無法對我的人生造成任何影響，自然而然地，對他是否受到懲罰也就無所謂了。

專注於現在的人生，也得到一些很好的成果，使得我的心靈愈來愈健康。以前要和人建立關係、或甚至和朋友到家前面的咖啡廳都覺得困難，但是如今的我，已經是為了揮別過去而勇敢對加害者提告的人了，這讓我產生「沒有什麼是我做不到」的勇氣，並敢於挑戰新事物。

至此，我們聆聽了校園霸凌實際受害者與其家屬的故事，他們沒有選擇私下復仇，而是試圖在法律與制度的框架內解決問題，也因此他們沒有成為另一個加害者，而是光明磊落、沒有犯錯，也不需要感到羞愧的受害者。

面對校園霸凌時，大多數的受害者明知應在法律與制度的框架內解決問題，卻遲疑不敢申訴，因為他們擔心申訴過程會很艱辛，或是申訴了問題也無法獲得解決。前面章節中出現的受害者也不例外，有對學校消極態度失望的時候、有對校園霸凌對策審議委員會作出「不處置」決議感到挫折的時候，也有加害者受到處分，對受害者克服創傷卻毫無幫助的情況。

但這些受害者一致表示，「一定要提出校園霸凌申訴。」唯有提出申訴才能向加害者問責，不管是得到道歉或是讓他受到處分也好；在過去受害者的發聲之下，有些保護措施已經制度化，提出申訴也能幫助你取得這些保護措施的支援。我不禁反芻秀妍父母所說：「若因為過程辛苦就什麼都不去爭取，結果一樣是一無所獲。」

此外，我也在受害者克服創傷的過程中，發現一個共同點，即除了家人、朋友和熟人的全力支持和信任之外，精神健康科的治療與持續不間斷的心理諮商，對克服創傷也起了實際的效用。如同前面所述，校園霸凌受害者經歷的不是短暫的情緒變化，而是長期的後遺症，甚至是身心上的改變。就像身體病了接受治療一樣，創傷帶來的痛苦也需要治療，以結果來看，這些事例都足以證明創傷能透過治療來改善。

同時，我們也聽到受害者珍貴的故事，包含人造成的傷害，最終也因人而治癒、和受害者周遭重要的人相比，校園霸凌加害者是微不足道的存在，今後亦無法對受害者造成任何影響等。

現在，我將根據在受害者克服創傷過程發現的共同點，尋找能夠真正擺脫校園霸凌創傷的方法。

第二部／

與校園霸凌創傷告別

第 3 章

過去在校園霸凌議題上的法律攻防

我能夠向加害者追究責任嗎？

私刑報復能拯救受害者嗎？

為何現在才來做文章？

我能夠向加害者追究責任嗎？

過往校園霸凌事件獲得法律救濟的可能性

二〇二一年韓國校園霸凌 #MeToo 運動開始後，受害者才瞭解自己精神上、心理上的問題，源自於校園霸凌創傷，許多當時不知道自己遇到的是校園霸凌，以為只能忍受一切，無法採取任何應對措施，又或者認為應該要採取行動，卻不曉得有什麼可行辦法、而無法提出抗議的受害者，在成年之後決定要追究加害者的法律責任。

不管是想要終結學生時期未解決、直至今日仍困擾著他們的校園霸凌創傷，或是覺得自己因為過去如此痛苦，加害者過得這麼好並不公平，而想趁現在追究責任等等，各式各樣的理由促使受害者為自己的傷痛，尋求法律救濟的可能性。

究竟是否真能如受害者所願，對發生在過去的校園霸凌事件追究法律責任？讓我們試著以現行法規探討其可能性。

霸凌的種類

臺灣校園霸凌是依據霸凌事件處理準則規定來認定。

霸凌按照欺凌手段、方式的不同，大致可區分為肢體霸凌、言語霸凌、關係霸凌、網路霸凌、反擊霸凌、性霸凌六大類：

（一）肢體霸凌：最令孩子恐懼

這是所有霸凌中最容易辨認的一種型態，它有著相當具體的行為表現，通常也會在受害者身上留下明顯的傷痕，包括踢打弱勢同儕、搶奪他們的東西等。另外，霸凌者通常是全校都認識的學生，他們對別人霸凌的行為也會隨著本身年紀的增長而變本加厲。

（二）言語霸凌：肉眼看不到傷口，心理傷害大

此類霸凌亦相當常見，主要是透過語言來刺傷或嘲笑別人，這種方式很容易使人的心理受傷，既快又刺中要害，雖然肉眼看不到傷口，但它所造成的心理傷害有時比身體上的攻擊來得更嚴重，而且言語上的欺負與嘲笑很可能是肢體霸凌

的前奏曲。

（三）關係霸凌：最常見，容易被忽視

關係上的霸凌，通常是透過說服同儕排擠某人，使弱勢同儕被排拒在團體之外，或藉此切斷他們的社會連結，讓他們覺得被排擠。這一類型的霸凌往往涉及到言語的霸凌，常會牽涉散播不實的謠言，或是排擠、離間小團體的成員。值得一提的是，此類霸凌伴隨而來的人際疏離感，經常讓受害者覺得無助、沮喪。

（四）網路霸凌：速度快、管道多、殺傷力大

隨著網路世界的發展，另一種新興的霸凌方式——電子通訊及網路霸凌（cyberbullying）也開始出現。網路霸凌行為包括：使用網路或電子通訊散佈謠言、留下辱罵或嘲笑的字眼等，倘若經常從事這些行為，就是網路世界的霸凌者，依霸凌程度可分為下列三種：

1. 已經做出一些對別人造成傷害的玩笑舉動，但自己可能毫無自覺。
2. 經常做一些危險、錯誤且應該受管教和約束的行為。

3.重複且多次在網路及電子通訊上做出各種傷害人的舉動，而且已有犯罪之虞，必須特別注意。

由於網路的匿名性、不用直接面對被霸凌者、散播速度快而廣，且無法取消等因素，讓網路霸凌更容易達成，且造成的傷害更大。通常單次不當的網路行為就可以達成反覆、長期、聯繫被害的結果，而形成網路霸凌。

（五）反擊霸凌：受害者與加害者一線之隔

這是受霸凌兒童長期遭受欺壓之後的反擊行為。通常面對霸凌時他們生理上會自然的予以回擊；有的時候被害者則是為了報復，對著曾霸凌他的人口出威脅。也有部分受霸凌兒童會去欺負比他更弱勢的人，這都屬於反擊型的霸凌。

（六）性霸凌：

類似性騷擾、性暴力，包括有關性或身體部位的嘲諷玩笑、評論或譏笑、對性別取向的譏笑、傳閱與性有關的令人討厭之紙條或謠言、身體上侵犯的行為；例如以性的方式摩擦或抓某人的身體，或是迫使某人涉入非自願的性行為等。根據 McMaster（1997）的研究，認為「性霸凌」的具體表現行為如下：

1. 有關性或身體部位的有害玩笑、評論或譏笑：如黃色笑話、波霸、飛機場、矮冬瓜等。
2. 對性取向的譏笑或是對性行為的嘲諷：男人婆、娘娘腔、同性戀都是常見對性取向、性行為的嘲笑。
3. 傳遞與性有關令人討厭的紙條或謠言：孩子之間會流傳關於性的謠言，如誰和誰在廁所接吻，或是誰和誰發生性關係。
4. 身體上侵犯的行為：以性的方式摩擦或抓某人的身體，或是迫使某人涉入非自願的性行為中；除嚴重的性侵害外，舉凡觸碰下體、屁股、胸部、脫褲子、掀裙子、偷看上廁所、偷看換衣服，或是學童間流行的遊戲俗稱「阿魯巴」、「草上飛」、「千年殺」皆屬此類。

根據上面所說的霸凌定義，我們可以透過霸凌四要素來初步判斷自己是不是被霸凌：

- 持續：行為一再持續發生。
- 侵害態樣：透過某些方法，直接或間接對他人做出貶抑、排擠、欺負、騷擾或戲弄等行為。
- 故意行為：個人或集體的故意行為。
- 損害結果：使他人產生畏懼、身心痛苦、財產損害，或影響對方進行正常學習活動。

只要是持續性或單次傷害超出一般社會可以容忍的程度，就可判斷是霸凌。

刑事告訴

所謂刑事告訴係指受害者向偵查機關提出告訴，請求偵查機關懲罰犯罪加害者，不過由於僅能對法律規定的犯罪行為提起告訴，而現實中又沒有「校園霸凌罪」，因此必須判別校園霸凌加害者的各種行為分屬哪一種罪行，方得提出告訴。

行為人若是未成年，則依據少年事件處理法程序進行，霸凌通常會涉及傷害罪、妨害自由罪、妨害名譽罪、強制罪、猥褻罪、兒少性剝削條例等，法官會依據行為人行為、被害人感受、受害情狀，進行調查，最重要的是少年調查官介入會蒐集資料，找出行為人施暴原因，給予明確的處遇建議，目的降低再犯並協助行為人導正行為。

校園霸凌適用的典型犯罪類型與其罰則如下：

● 普通傷害罪

利用肢體霸凌可會成立傷害罪，臺灣刑法第二七七條說明：

①傷害人之身體或健康者，處五年以下有期徒刑、拘役或五十萬元以下罰金。

②犯前項之罪，因而致人於死者，處無期徒刑或七年以上有期徒刑；致重傷者，處三年以上十年以下有期徒刑。

所以像身體的挫傷、皮肉外傷、瘀青等，不屬於以下的重傷害的範疇都會以普通傷害認定，出具醫療證明、診斷書，法院會依據傷害情況認定處理，傷害若未成傷，則會依據少年事件處理法第三條第一項第二款第三目的有預備犯罪或犯罪未遂而為法所不罰之行為。以曝險行為交由少年輔導委員會的社工進行輔導。

輔導無效會再請求少年法庭來處理。

●重傷害罪

重大暴力行為致重傷則以重傷害罪處置，臺灣刑法第二七八條說明：

①使人受重傷者，處五年以上十二年以下有期徒刑。

②犯前項之罪因而致人於死者，處無期徒刑或十年以上有期徒刑。

③第一項之未遂犯罰之。

所以持武器傷害，都可能造成重傷的結果。

重傷的定義，依據臺灣刑法第十條說明：

①毀敗或嚴重減損一目或二目之視能。

②毀敗或嚴重減損一耳或二耳之聽能。

③毀敗或嚴重減損語能、味能或嗅能。

④毀敗或嚴重減損一肢以上之機能。

⑤毀敗或嚴重減損生殖之機能。

⑥其他於身體或健康，有重大不治或難治之傷害。

妨害幼童身心健全發育罪

若以凌虐方式去傷害人，可能觸妨害幼童身心健全發育罪。

臺灣刑法第二八六條說明：

對於未滿十八歲之人，施以凌虐或以他法足以妨害其身心之健全或發育者，處六月以上五年以下有期徒刑。

臺灣刑法第十條說明：

稱凌虐者，謂以強暴、脅迫或其他違反人道之方法，對他人施以凌辱虐待之行為。

「凌虐」的定義是指「對被害人之身、心，不斷連續的施以難以忍受之傷害」，凌虐的傷害行為，與普通傷害之區別，在於凌虐是屬於「傷害行為的連續性」，雖尚不構成刑法上之重傷害，但凌虐行為的主觀犯意中「一而再、再而三使被害人痛苦不堪的認識」，而可論以連續犯。連續犯會被加重刑期處分。

恐嚇罪

脅迫是指威嚇他人使人心生畏懼的言論或行為。比如加害者說「我不會放過你」「我會殺了你」「我會讓你上不了學」等，使受害者內心感到害怕，就屬於脅迫。

此部分會成立恐嚇罪，依刑法第三〇五條說明：

以加害生命、身體、自由、名譽、財產之事恐嚇他人，致生危害於安全者，處二年以下有期徒刑、拘役或九千元以下罰金。

●私行拘禁罪

妨害自由指將人關在洗手間、體育館之行為，擄人指強制將他人帶到特定場所之行為，誘拐則指將他人誘騙到特定場所的行為。

此部分會成立私行拘禁罪，依刑法第三〇二條說明：

①私行拘禁或以其他非法方法，剝奪人之行動自由者，處五年以下有期徒刑、拘役或九千元以下罰金。

②因而致人於死者，處無期徒刑或七年以上有期徒刑；致重傷者，處三年以上十年以下有期徒刑。

③第一項之未遂犯罰之。

●強制罪

強制係指透過強暴、脅迫，使他人做無義務之事。以校園霸凌事件為例，要他人替自己寫作業、打掃，或是強迫人下跪、要人乞討等，都屬於強制。

此部分會成立強制罪，依刑法第三〇四條說明：

①以強暴、脅迫使人行無義務之事或妨害人行使權利者，處三年以下有期徒刑、拘役或九千元以下罰金。

②前項之未遂犯罰之。

●恐嚇取財罪

指藉由暴力或脅迫等方式，收受財物或取得財產利益之行為。一般說的「勒索」[30]、「麵包跑腿」[31]、「福利社跑腿」等皆屬此類。

30 學生之間使用蠻力奪取或偷竊金錢的行為。

31 學生之間被強迫做各種跑腿的行為，或指該學生。

此部分會成立恐嚇取財罪，依刑法第三四六條說明：

①意圖為自己或第三人不法之所有，以恐嚇使人將本人或第三人之物交付者，處六月以上五年以下有期徒刑，得併科三萬元以下罰金。

②以前項方法得財產上不法之利益或使第三人得之者，亦同。

③前二項之未遂犯罰之。

若是兩人以上共同犯下暴行、脅迫、妨害自由、強制、傷害、恐嚇取財罪，法官量刑的標準會考量。

依刑法第五十七條說明：

科刑時應以行為人之責任為基礎，並審酌一切情狀，尤應注意下列事項，為科刑輕重之標準：

一、犯罪之動機、目的。

二、犯罪時所受之刺激。

三、犯罪之手段。

四、犯罪行為人之生活狀況。

五、犯罪行為人之品行。

六、犯罪行為人之智識程度。

七、犯罪行為人與被害人之關係。
八、犯罪行為人違反義務之程度。
九、犯罪所生之危險或損害。
十、犯罪後之態度。

● **公然侮辱罪、誹謗罪**

言語暴力通常不是侮辱就是誹謗。侮辱指公然在多人面前辱罵、或發表貶低性言論；誹謗則是向一人以上散布不實謠言或事實等，毀損他人名譽之行為。

此部分會有公然侮辱罪、誹謗罪，依刑法第三一〇條說明：

①意圖散布於眾，而指摘或傳述足以毀損他人名譽之事者，為誹謗罪，處一年以下有期徒刑、拘役或一萬五千元以下罰金。

②散布文字、圖畫犯前項之罪者，處二年以下有期徒刑、拘役或三萬元以下罰金。

③對於所誹謗之事，能證明其為真實者，不罰。但涉於私德而與公共利益無關者，不在此限。

● 強制性交罪

此部分會成立強制性交罪，依刑法第二二一條說明：

①對於男女以強暴、脅迫、恐嚇、催眠術或其他違反其意願之方法而為性交者，處三年以上十年以下有期徒刑。

②前項之未遂犯罰之。

對未滿十四歲兒少性侵害，觸犯加重強制性交罪，依刑法第二二二條說明：

一、犯前條之罪而有下列情形之一者，處七年以上有期徒刑：

①二人以上共同犯之。

②對未滿十四歲之男女犯之。

③對精神、身體障礙或其他心智缺陷之人犯之。

④以藥劑犯之。

⑤對被害人施以凌虐。

⑥利用駕駛供公眾或不特定人運輸之交通工具之機會犯之。

⑦侵入住宅或有人居住之建築物、船艦或隱匿其內犯之。

⑧攜帶兇器犯之。

⑨對被害人為照相、錄音、錄影或散布、播送該影像、聲音、電磁紀錄。

二、前項之未遂犯罰之。

以上是現行法規中，過去校園霸凌事件可以適用的罪責與懲罰，不過要對以前的校園霸凌事件提起刑事告訴，仍需要突破兩大難關。

根據臺灣的追訴權時效規定，刑法第八〇條說明：

一、追訴權，因下列期間內未起訴而消滅：

①犯最重本刑為死刑、無期徒刑或十年以上有期徒刑之罪者，三十年。但發生死亡結果者，不在此限。

②犯最重本刑為三年以上十年未滿有期徒刑之罪者，二十年。

③犯最重本刑為一年以上三年未滿有期徒刑之罪者，十年。

④犯最重本刑為一年未滿有期徒刑、拘役或罰金之罪者，五年。

二、前項期間自犯罪成立之日起算。但犯罪行為有繼續之狀態者，自行為終了之日起算。

所以以上的觸法行為，傷害、重傷害、強制、恐嚇幾乎都是二十年的時效。

若是還沒過追訴期，那提出告訴需要準備的資料就是「犯罪行為的具體情況」，必須要有具體的日期、場所和行為，才能提出告訴，如果只是簡單描述「加害者從某個時候到某個時候對我施暴、欺凌我」就進行告訴，那主管機關可能會要你重寫告訴狀、或是案件可能以不起訴處理。

因此最好是按照日期，依照六何法（5W1H）詳細記錄自己遭遇的校園霸凌傷害，若是很難提出確切日期，至少要寫出是幾年幾月的上、中或下旬。

臺灣確實有部分兒少，都是成年後，例如大學才提起被霸凌的過往，此時一旦投訴後，教育主管機關會立即要求原學校重啟調查，將當時的老師、同學約談進行了解，並參照導師輔導紀錄加以比對，只是兒少的舉證，有時候很難清楚敘明，或當時的老師已退休或不在，因此調查過程會有很多困難，但是學校還是會盡量蒐證釐清。若成立霸凌，還是會請被害人依法律的規定主張權利。

遞交告訴狀後，偵查機關會開始偵查程序，對原告與被告進行調查，並根據調查結果決定是否起訴，或以「無嫌疑」處理。此外，還會碰上第二個難關。一般來說證據越充分，對訴訟就越有利，然而校園霸凌事件時隔已久，蒐證困難，而且除非是當事者，否則目擊者可能記不得事發經過，或是根本就很難找到目擊者。

民事訴訟

除了刑事訴訟外，也可以對以前校園霸凌加害者提起請求損害賠償的民事訴訟。

臺灣如果在未成年人依據少年事件處理法處理後，民事部分則須依據民事訴訟法規定來求償。在此，一般的請求權和侵權行為的請求權也有所不同。

依民法第一二五條說明：

請求權，因十五年間不行使而消滅。但法律所定期間較短者，依其規定。

依民法第一九七條說明：

①因侵權行為所生之損害賠償請求權，自請求權人知有損害及賠償義務人時起，二年間不行使而消滅，自有侵權行為時起，逾十年者亦同。

②損害賠償之義務人，因侵權行為受利益，致被害人受損害者，於前項時效完成後，仍應依關於不當得利之規定，返還其所受之利益於被害人。

另外，校園霸凌造成的精神傷害，可能會潛藏到成人之後，轉化為精神疾病，這部分可提出精神損害求償，是指非財產上的損害賠償，又被稱為「精神撫慰金」。

依民法第一九五條說明：

①不法侵害他人之身體、健康、名譽、自由、信用、隱私、貞操，或不法侵害其他人格法益而情節重大者，被害人雖非財產上之損害，亦得請求賠償相當之金額。其名譽被侵害者，並得請求回復名譽之適當處分。

②前項請求權，不得讓與或繼承。但以金額賠償之請求權已依契約承諾，或已起訴者，不在此限。

③前二項規定，於不法侵害他人基於父、母、子、女或配偶關係之身分法益而情節重大者，準用之。

以上就對過去校園霸凌加害者追究法律責任的途徑，介紹了刑事告訴與民事訴訟，遺憾的是，從追訴期、消滅時效，到蒐證困難等，都在在顯示了實際要向加害者追究法律責任有多麼困難。這些制度上的限制，也是受害者考慮「私刑復仇」或「校園霸凌 #MeToo」的原因。接下來我們將針對這部分進行探討。

私刑報復能拯救受害者嗎？

如前所述，針對過去的校園霸凌事件追究加害者的民事與刑事法律責任，存有現實上的難處。

二〇二三年初，韓國電視劇《黑暗榮耀》熱播，劇中主角文同珢在學生時期遭受相當惡毒的霸凌，她將自己的遭遇告訴學校，甚至也向警方報案，但所有事情卻被壓了下來，而文同珢選擇的，便是私刑復仇。

看了《黑暗榮耀》後，許多人對劇中加害者遭到報復的劇情直呼痛快，情感獲得宣洩，也有人開始想像自己也能透過私刑，對過去的加害者報仇，不過當以法律角度一一檢視文同珢的行為時，我不禁感到毛骨悚然。

因犯罪染上汙點的受害者

曾遭受校園霸凌的文同珢（宋慧喬飾）為了逮住主要加害者朴涎鎮（林智妍飾）之女河睿飾（吳智律飾）就讀的私立國小理事長的弱點，不惜做出跟蹤與翻找居家垃圾等行為，文同珢以不洩露理事長弱點做交換，要求理事長將自己派任為河睿帥就讀班級一年二班的導師，此時文同珢取得「一年二班導師職位」這個財物利益，犯下了恐嚇取財罪[32]。

還有，文同珢為了向隱匿校園霸凌事件，甚至對自己施暴的教師金鐘文（朴胤熙飾）復仇，以要將金鐘文過去不道德與

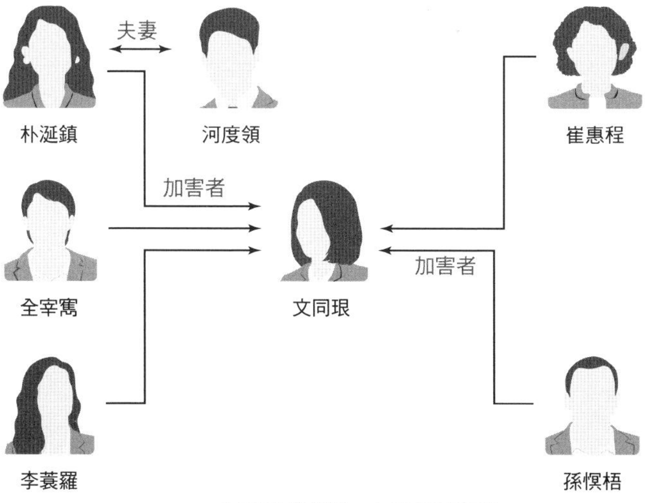

《黑暗榮耀》人物關係圖

非法行為，上傳到教育廳網頁爆料作為要脅，威脅督學考試在即的金鐘文之子金洙漢（姜吉祐飾）。這條脅迫罪無庸置疑，若文同珢指示或參與金洙漢弒父的話，更是難逃殺人罪責[33]。

此外，文同珢以不舉發對方吸毒為條件，向另一名加害者李蓑羅（金赫拉飾）勒索鉅額，又故意準備毒品誘使李蓑羅吸食，並在教會聊天群組中留言，要大家來觀看李蓑羅吸毒，這些行為已違反毒品管制法[34]，並觸犯恐嚇取財罪、誹謗罪[35]。

文同珢為了讓朴涎鎮背負殺害孫慎梧（金建宇飾）的罪名，在孫慎梧的屍體放置朴涎鎮的皮膚組織，這屬於謀害證據偽造罪[36]。

還有，她在旁煽風點火，教唆同屬加害者一員的崔惠程（車珠英飾），換掉全宰寯（朴成君飾）的眼藥水成分，導致全宰寯失去視力，這樣的行為犯了教唆重傷罪[37]；之後，她預測全宰寯失明，將河度領（鄭星一飾）引至建築工地殺害全宰寯的行為，同樣也犯下了殺人共犯罪。

不僅如此，跟蹤、偷拍等行為亦違反跟蹤處罰法[38]，竊取崔惠程手機，登入其社群帳號瀏覽，則犯下竊盜罪[39]，並違反了資通網路法[40]。

犯下各種罪行甚至殺人的文同琅，能因為自己曾是校園霸凌受害者就獲得免死金牌嗎？我見到校園霸凌加害學生的時候，總會提醒他們：「不論是什麼狀況，暴力都沒有道理，一旦選擇暴力，不管你有什麼不得已，都不會被接受。」最終文同琅為了復仇，淪落成了與校園霸凌加害者無異的犯罪者。即便是校園霸凌的受害者，也不能合理化其犯罪行為。戲劇終歸只是戲劇，在現實中，恐怕文同琅一展開復仇，就會被告上法院，淪為有前科的人了，就連辛苦通過甄試取得的教師地位也難保。

不過，私刑復仇並不只發生在電視裡，現實生活中也有不少人不採取法律途徑，而是選擇親自向霸凌自己的加害者報仇。實際展開復仇的這些受害者，最後有透過私下復仇，得到自己想要的結果嗎？

32 韓國刑法第三五〇條，處十年以下有期徒刑或兩千萬韓元以下罰金。（臺灣刑法三四六條，處六月以上五年以下有期徒刑，得併科三萬元以下罰金。）

33 韓國刑法第二五〇條，處無期徒刑或五年以上有期徒刑。（臺灣刑法第三〇五條，恐嚇罪，處二年以下有期徒刑、拘役或九千元以下罰金。）

（臺灣刑法第二七一條，殺人罪，處死刑、無期徒刑或十年以上有期徒刑。預備犯罪者，處二年以下有期徒刑。）

（臺灣刑法第二十九條，教唆罪，依其所教唆之罪處罰之。）

34 韓國毒品管制法第六十條第一項，處十年以下有期徒刑或一億韓元以下罰金。

（臺灣毒品危害防制條例第七條說明：

①引誘他人施用第一級毒品者，處三年以上十年以下有期徒刑，得併科新臺幣三百萬元以下罰金。

②引誘他人施用第二級毒品者，處一年以上七年以下有期徒刑，得併科新臺幣一百萬元以下罰金。

③引誘他人施用第三級毒品者，處六月以上五年以下有期徒刑，得併科新臺幣七十萬元以下罰金。

④引誘他人施用第四級毒品者，處三年以下有期徒刑，得併科新臺幣五十萬元以下罰金。

⑤前四項之未遂犯罰之。）

35 韓國資通網路法第七十條第一項，處三年以下有期徒刑或三千萬韓元以下罰金。

（臺灣恐嚇取財罪第三四六條說明：

①意圖為自己或第三人不法之所有，以恐嚇使人將本人或第三人之物交付者，處六月以上五年以下有期徒刑，得併科三萬元以下罰金。

②以前項方法得財產上不法之利益或使第三人得之者，亦同。

前二項之未遂犯罰之。）

36 韓國刑法第一五五條第三項，處十年以下有期徒刑。

（臺灣湮滅證據罪第一六五條說明：

偽造、變造、湮滅或隱匿關係他人刑事被告案件之證據，或使用偽造、變造之證據者，處二年以下有期徒刑、拘役或一萬五千元以下罰金。）

37 韓國刑法第二五八條，處一年以上十年以下有期徒刑。（臺灣教唆重傷害罪）

38 韓國跟蹤處罰法第十八條，處三年以下有期徒刑或三千萬韓元以下罰金。（跟蹤若是要追求的會成立跟蹤騷擾保護法，本案則不是追求行為，而是特定的目的，則依社會秩序維護法處理。臺灣社會秩序維護法第八十九條說明：
①無正當理由，為人施催眠術或施以藥物者。
②無正當理由，跟追他人，經勸阻不聽者。
有上列各款行為之一者，處新臺幣三千元以下罰鍰或申誡。）
（關於偷拍，臺灣刑法第三一五之一條說明：有下列行為之一者，處三年以下有期徒刑、拘役或三十萬元以下罰金：
①無故利用工具或設備窺視、竊聽他人非公開之活動、言論、談話或身體隱私部位者。
②無故以錄音、照相、錄影或電磁紀錄竊錄他人非公開之活動、言論、談話或身體隱私部位者。）

39 韓國刑法第三二九條，處六年以下有期徒刑或一千萬韓元以下罰金。
（臺灣刑法第三二〇條說明：
①意圖為自己或第三人不法之所有，而竊取他人之動產者，為竊盜罪，處五年以下有期徒刑、拘役或五十萬元以下罰金。
②意圖為自己或第三人不法之利益，而竊佔他人之不動產者，依前項之規定處斷。
前二項之未遂犯罰之。）

40 韓國資通網路法第七十一條第一項，處五年以下有期徒刑或五千萬韓元以下罰金。
（關於登入他人帳號，臺灣個人資料保護法第四十二條說明：意圖為自己或第三人不法之利益或損害他人之利益，而對於個人資料檔案為非法變更、刪除或以其他非法方法，致妨害個人資料檔案之正確而足生損害於他人者，處五年以下有期徒刑、拘役或科或併科新臺幣一百萬元以下罰金。）
（關於妨害電腦使用罪，臺灣刑法第三五八條說明：無故輸入他人帳號密碼、破解使用電腦之保護措施或利用電腦系統之漏洞，而入侵他人之電腦或其相關設備者，處三年以下有期徒刑、拘役或科或併科三十萬元以下罰金。）

假冒加害者，對其進行報復

善浩（三十四歲）看到演藝圈和體育界人士陸續被踢爆曾是校園霸凌者，受到社會大眾批判，想起學生時期那些因為自己家境困難，而取笑或威脅自己的同學。

善浩認為霸凌造成的心理傷害對自己的生活帶來負面影響，但畢竟加害者不是名人，就算揭露他們曾經施暴，也不會對他們的身分地位造成什麼損害，因此善浩不是選擇揭露，而是計畫了其他報復方法。

他冒充加害者寄恐嚇信到這些加害者的母校、隸屬協會或公司等，假裝要隨機強暴或殺害該組織內的教師、學生或員工，他認為透過這種方式可以嚇唬加害者母校教職員和他周遭的人，毀損加害者的名聲與身分地位。

然而在寄了六次恐嚇信之後，善浩被以脅迫、脅迫未遂罪判處十個月有期徒刑、緩刑兩年和一六〇小時的社會服務。

懷恨在心，對加害者施暴

秀昌（三十九歲）某天在餐廳門口和國小同學起爭執，由於秀昌過去曾被該同學霸凌，因此對這名同學帶有敵意，他與同學發生口角後壓抑不住怒氣，朝對方揮舞燒酒瓶數次後，對其臉部拳打腳踢，造成需要四週才能痊癒的傷害。

雖然秀昌可能是因為曾在校園遭對方霸凌，所以下手更重，但法院有鑑於秀昌犯行重大，受害者傷勢嚴重且要求嚴懲，以特殊傷害罪判處秀昌八個月有期徒刑實刑。

威脅對暴力袖手旁觀的經營者

智旻（二十三歲）從十八歲開始進入D經營的小劇場當團員，待了約兩年，當時智旻遭其他團員毆打和霸凌，向D求助，D卻視而不見。四年後，智旻決心向D展開報復，撥了電話給D說道：

「四年前我在小劇場的時候，被其他人毆打、霸凌，告訴你，你卻無視，我因此患上精神病。我有那時候的錄音檔，我要用這個錄音檔報復你。」

智旻威脅要透過國民請願、網路社群、YouTube 等爆料，以此要脅D借他三百萬韓元，D怕若是不答應，會因為爆料而導致名聲掃地，在拿到寫有「如利用過去的事情加以威脅之情事，即在一星期內償還此款，並承擔所有法律責任」的借據後，匯了三百萬韓元給智旻。

然而智旻並沒有就此打住，他在一週後又傳了好幾封威脅簡訊給D，要求D給他一千八百萬韓元。

「前輩，我在仇恨中活了四年，區區幾通電話跟勸說，是絕對沒辦法弭平我這四年來的恨。」

「惡魔說如果我不報仇，就要殺了我。」

「前輩，惡魔要我轉告你。」

「你知道名人陷入校園霸凌醜聞就玩完了吧？」

D不願給錢，智旻隨後傳了六十九封暴力簡訊給D，持續威脅要曝光錄音檔或刺殺D的家人，後來D以恐嚇取財罪對智旻提告，智旻一怒之下將準備好的爆料文章上傳到網路上。

對此，法院審酌智旻的犯罪情節、內容與手法，認為其犯行十分惡劣，且沒有得到D的原諒，因此依恐嚇取財罪、恐嚇取財未遂罪、脅迫罪、妨害名譽罪，判處智旻一年有期徒刑實刑。

在社群平台公審加害者

瑞英（二十八歲）透過社群軟體的訊息功能，向自己的國中同學，也是一名音樂劇演員的F，連續兩天傳送訊息，提及自己曾遭對方霸凌，並表示自己甚至想過要自殺，同時，她也在其另一個社群帳號上發表批評F的言論。

不過F劃清界線，說此事與自己無關，並表示自己不記得瑞英，透過訊息要求瑞英不要再聯絡自己，沒想到瑞英卻接連傳了好幾封惡意訊息，譬如「我就是要讓妳不好過，才傳訊息給妳」「妳根本不配活著」「我希望妳可以確診新冠去死一死」「你們根本不是人，是戴著人類面具的惡魔」「你們這些霸凌人的××」「我傳訊息妳看都不看」「早知現在會抬不起頭，當初為什麼要犯罪？」等等。

結果瑞英因違反資通網路法，被處罰金兩百萬韓元，根本無法把受到校園霸凌的痛苦還諸對方。

你覺得如何呢？這四位過往事件的受害者成為了加害者，讓從前的加害者成了受害者，而且像是秀昌和智旻還得入獄服刑，只能在監獄虛耗寶貴的時光。

私刑復仇無法解決曾經發生的校園霸凌，而是一種毀滅對方，也反噬自己的行為，我不願見到校園霸凌受害者成為加害者。

為何現在才來做文章？#MeToo 帶來的力量

韓國國內的「#MeToo」運動開始於二〇一八年左右，各領域性暴力指控不斷，隨後是知名藝人們揭露家人舉債的「欠債 #MeToo」，接著是一對職業排球選手姊妹遭揭發曾在校園霸凌他人，而所謂的「校園霸凌 #MeToo」隨之展開。被指控為 #MeToo 加害者的人為自己的罪行付出代價，或被剝奪職位或被逐出所屬行業，過去的所作所為，最終成了自己的腳鐐手銬。

有些人會問，為什麼受害者當初保持沉默，現在才來做文章？造成過往校園霸凌受害者無力反抗的原因有很多，首先，如前面介紹，當時制度尚未建立，遭到校園霸凌也無處申訴或尋求幫助，在暴力猖獗的校園中，大多數學生選擇袖手旁觀，使受害者受到孤立，在無人支持之下，受害者無法與強勢的加害者對抗。

#MeToo 在社會上具有強烈擴散性，它的基調建立在「我也跟你遭遇過一樣的事

情」上，受害者藉由訴說自己的受害經驗獲得他人同理，而對這些故事產生共鳴的其他受害者，接著鼓起勇氣發聲。

有些校園霸凌受害者並不曉得自己遇到的就是校園霸凌，以為自己只能默默忍受；也有一些受害者將校園霸凌的原因怪罪在自己身上，他們認為是自己不好、是自己和人處不來、是自己不夠努力，才會遭到暴力對待，這些想法讓受害者陷入無力感之中。不過在這樣揭露校園霸凌創傷後，得到安慰的過程當中，受害者能夠認知到自己不是一個人，也不是唯一遭遇這種不幸的人，光是有人理解自己的傷痛，就能多多少少讓受害者從過去解脫一些。

陳述事實也會受罰的誹謗罪

然而，加害者們也有辦法反擊這樣的校園霸凌 #MeToo，就是以誹謗提出刑事告訴。根據現行法律，除了散播不實之事外，陳述具體事實也能以誹謗罪處置，因此當受害者揭露加害者的校園霸凌行為時，有可能會因誹謗而受罰。

實際上，媒體也曾報導過一些在這波校園霸凌 #MeToo 之下遭到指控的知名人，對受害者提告誹謗罪的例子，近來不只是知名人士，被指控為加害者的一般民眾也會對受害者提出告訴，使得受害者與加害者立場對調。

因此，對受害者來說，參與校園霸凌 #MeToo 的負擔非同小可，不僅要透過檢調單位證實所言不假，為此必須經常出入警局，就算證明是事實了也有可能因誹謗罪受罰，更可以預想得到，這些反而會讓加害者自稱是受害者，更加得意洋洋。

當然，並不是所有校園霸凌 #MeToo 行動，都會因誹謗罪而受到處罰，當揭露內容「是真實事實，且僅是為了公共利益而為之時」，符合阻卻違法事由，即使行為具誹謗罪違法外貌，其違法性也被排除，而不會受罰。

判斷校園霸凌 #MeToo 符合公共利益的標準是什麼？首先，最高法院在解釋「真實事實」時，會審查內容整體的目的以作判斷，只要重要的部分與客觀事實相符，在細節上與事實稍有出入或誇張表述也無妨；除了是否為真實之外，其內容、性質、事實公開範圍、表達方式、因表達而毀損之名譽與侵害程度等，也是判斷標準之一。[41]

韓國刑法第三〇七條：誹謗

①公然指摘事實使人名譽受損者，處兩年以下有期徒刑或禁錮，或處五百萬以下韓元罰金。

②公然指摘不實之事使人名譽受損者，處五年以下有期徒刑、十年以下褫奪公權，或處一千萬以下韓元罰金。

韓國刑法第三一〇條（阻卻違法）

第三〇七條第一項所誹謗之事若為真實，且僅涉及公共利益者，不予處罰。

韓國資通網路法第七十條（罰則）

①以誹謗為目的，透過資通網路公開事實，使他人名譽受損者，處三年以下有期徒刑或三千萬韓元罰金。

②以誹謗為目的，透過資通網路公開虛偽資訊，使他人名譽受損者，處七年以下有期徒刑、十年以下褫奪公權，或五千萬韓元罰金。

臺灣刑法第三一〇條：誹謗

1.意圖散布於眾，而指摘或傳述足以毀損他人名譽之事者，為誹謗罪，處一年以下有期徒刑、拘役或一萬五千元以下罰金。

2.散布文字、圖畫犯前項之罪者，處二年以下有期徒刑、拘役或三萬元以下罰金。

3.對於所誹謗之事，能證明其為真實者，不罰。但涉於私德而與公共利益無關者，不在此限。

臺灣刑法第三〇九條：公然侮辱

在臺灣網路上攻擊人是沒有特別成立其他犯罪，還是公然侮辱或誹謗罪。公然侮辱人者，處拘役或九千元以下罰金。

其次，「僅涉及公共利益」是指事實的揭露在客觀上與公共利益有關，且揭露行為人的主觀意識也必須符合這一點，倘若行為人的主要動機或目的是為了公共利益，那麼即使附帶其他追求私人利益之目的或動機，也認定可阻卻其行為之違法性。

此處所指「公共利益」不限於國家、社會和一般大眾的利益，也包括特定社會團體或其整體成員關注之事與利益。[42] 最高法院也表示，若行為人所指之人為一般個人，而非知名人士或公眾人物，然其揭露內容與公眾利益有關，且引起社會關注，則應考慮適用阻卻違法事由。[43]

正是有這個保護謀求公共利益之指控，免於刑事告訴的機制，一些因點名名人、揭露校園霸凌而被起訴的受害者，得以獲無罪判決，反而是加害者控告受害者的行為遭到公眾強烈反彈，批評加害者假裝反省，轉身卻起訴了受害者。

校園霸凌當事人應適用的公平原則

民修在國中時，曾遭摔角選手A的校園霸凌，當時民修要借運動服給A，A將民修叫到更衣室，問他「借我運動服時為什麼要笑？」並攻擊民修的大腿等部位。

之後A也曾在學校廁所勒住民修脖子，進行所謂的「窒息遊戲」，且時不時把民修叫出來嚇唬他，一副要打他的樣子。平時身體虛弱的民修，因為A的霸凌而受到極大壓力，最後出現心肺劇烈疼痛、呼吸困難的症狀，民修獨自承受痛苦，無法向父母或任何長輩吐露心聲，甚至曾試圖自殺。

此後，民修只要看到身材高大或長得像A的人，就會感到極度恐懼和痛苦，同時陷入強烈憤怒的病態狀態，但是他害怕周遭人會對自己投以異樣眼光，長時間以來，連對家人也不敢坦承自己的情況。

某一天，民修在看一部以校園霸凌為題材的條漫（Webtoon）時，想起被A欺負的記憶，於是在留言區揭露了A的個人資料和他犯下校園霸凌的事實。

41 韓國最高法院二〇〇二年九月二十四日宣告，二〇〇二年抗字第三五七〇號刑事裁定。
42 韓國最高法院二〇〇〇年二月十一日宣告，一九九九年抗字第三〇四八號刑事裁定；最高法院二〇〇二年九月二十四日宣告，二〇〇二年抗字第三五七〇號刑事裁定。
43 韓國最高法院二〇二〇年十一月十九日宣告，二〇二〇年抗字第五八一三號全院庭審刑事裁定。

「A，現年三十一歲，F國中畢業，是個摔角選手。A每天早上都會把我的朋友拖走，並毆打他。因為我笑著把運動服借給他，他就勒住我的脖子讓我昏了過去，那時候我的心臟嚇得差點就要死了。在○○市做生意的A，今年三十一歲。我只要看到長得像A的人，就無法直視對方，身體忍不住發抖，直到現在我仍然活在後遺症和創傷當中。三十一歲的A就是個×××，我真的非常非常希望他去死。國中的時候就應該拿椅子砸他的頭，殺了他，我好後悔。就算變成殺人犯，我也應該要用椅子砸死他，真的太可惜了。F國中的拳擊選手A。」

A因民修寫下這種留言而起訴他誹謗，民修的父母得知兒子的遭遇後，協助他接受精神科治療。但是在民修被依誹謗罪判處一百五十萬罰金後，A仍不滿足於此，繼續以損害名譽為由，提起請求損害賠償的民事訴訟，要求民修支付三千萬元的精神慰問金。不過在這場訴訟當中，法院做出了對民修有利的判決。

法院先是認定民修確實做出毀損A名譽的不法行為，使A受到相當程度的精神痛苦，因此民修有義務支付精神慰問金，不過接著法院提出「公平性原則」，考量民修是校園霸凌受害者，同理他的痛苦，並免除了他的法律責任。[44]

最高法院舉出了例外情況，說明就算犯有違法情事，在損害已實際全面恢復，或有讓受害者完全承擔損害責任顯失公平的特殊情況時，可免除賠償義務人的責任，並將民修的案件也視為此種例外。

法院認定A的暴力行為是致使民修患上精神疾病的重要因素，並審酌民修長期未獲得適當治療，導致病情惡化，在看到與校園霸凌有關的漫畫時，想起自己的受害經歷，才在憤怒之餘衝動寫下留言，不過在留言之後民修曾向A與其母道歉，在和A與其母見面時甚至下跪，爾後也刪除了該則留言，判定A所受損害已有一定程度恢復。反觀民修日後做出留言行為，係因A對過去民修施暴造成，且A的暴行導致民修生病，A卻從來沒有做出任何嘗試或努力，恢復民修所受損害或是向他道歉。

而且民修因此次事件受到刑事懲罰，A的校園霸凌犯行卻已過了追訴期，不僅無法對A進行刑事懲罰，民事上的損害賠償請求權也已超過消滅時效，考慮到民修因校園霸凌而經歷的精神痛苦，認定免除民修的損害賠償責任係符合公平原則。

44 韓國昌原地方法院二〇二二年五月二十七日宣告，二〇二一年再字第五八九〇號民事裁定。

受害者要得到一個非常合理的「公平」結果，就是如此艱難。受害者因為追訴期等等問題，而無法向加害者追究法律責任，於是冒著誹謗受罰的風險選擇校園霸凌 #MeToo 一途，以求至少能向加害者追討社會責任。而隨著一個個校園霸凌 #MeToo 故事揭露，營造了一種能夠支持其他受害者，凝聚力量的氛圍，讓受害者不再只能吞忍過去的委屈與傷痛。

校園霸凌 #MeToo 的力量，就在於受害者間的團結與相互支持。在至今持續發生的校園霸凌事件中，仍能聽到許多諸如「這種雞毛蒜皮的事算什麼？」「你自己堅強點克服它。」等等要求受害者保持沉默的聲音，然而若是能形成站在受害者立場、並同理他們的社會氛圍，受害者在校園霸凌發生當下，就能即時投訴，最終校園霸凌也會減少。

期望這樣的同溫共感與支持，不只發生在過去的受害者身上，更能傳遞給現在正經歷校園霸凌的受害者。

第 4 章

期盼與那揮之不去的記憶道別

把校園霸凌說出來

我們扮演什麼樣的角色？

心理諮商與專業治療

主導權在我身上

把校園霸凌說出來

克服校園霸凌創傷的第一步

要解決校園霸凌、克服創傷，就得從「大聲說出口」開始。說出校園霸凌指的並不限於校園霸凌申訴或提出告訴，還包括了告訴父母、朋友、熟人、班級導師等身邊的人、在諮商過程中陳述、採取行政和法律程序、舉報過去的校園霸凌等，任何一種讓外界知道此事的方式。

只有讓自己以外的人知道校園霸凌發生了，才能阻斷暴力，進而要求加害者道歉或向加害者追究責任，平息整起事件，尤其是當你正在經歷校園霸凌，這個向外訴說的過程就顯得十分重要。

申訴校園霸凌的效果

揭發校園霸凌最具代表性的方法，就是提出校園霸凌申訴。讓受害者與家屬猶豫是否申訴的原因有很多，可能是擔心受害者難以承受申訴校園霸凌後，必須經歷的過程，也可能是害怕被加害者知道的話會遭到報復，所以躊躇不決，這是因為受害者對申訴的效果持懷疑態度、或是不相信加害者會反省。

事實上，申訴校園霸凌並不是為了引導加害者反省，也不是為了將加害者引入正軌，建立起申訴制度的根本目的，是為了保護受害者免受加害者傷害，並儘量減少創傷；與大家擔憂的不同，實際上申訴能發揮許多作用。

第一，申訴校園霸凌可以立即停止暴力，由於加害者傾向騷擾不正面回應暴力的受害者，當狀況不斷重複發生，就容易讓受害者成為周遭其他潛在加害者的目標。不提起校園霸凌申訴而遭到額外傷害的比例，反而比提出申訴而遭到報復還要來得高，倘若提出申訴後真的遭到報復，加害者也會受到相應的加重處分。一個會在你提出申訴後報復的加害者，你也不用指望他會因為你不申訴就停止霸凌，那還不如提出申訴以獲得保護。

提出校園霸凌申訴後，暴力事件便被攤在陽光底下，學校也會提報教育支援廳，並知會加害者的家長。加害者須接受案件調查，並看到自己父母來學校發表立場，還有在校園霸凌對策審議委員會上卑躬屈膝的樣子。一般正常的家長在確認事實後，通常會管教和指導自己的孩子，而且會要自己的孩子向受害者道歉，並努力幫助受害者恢復。要看到這些過程實現，就必須提起校園霸凌申訴。

此外，進行申訴後，自身的安全也能在體制內受到保障，例如學校的保護措施、或是警方提供的人身安全保護等。

同時，校園霸凌申訴也能改變學生間的氣氛，目睹校園霸凌的學生會接受案件調查，並認知到「加害者當時的行為是一種校園霸凌」。

當然，進行申訴和申訴之後的過程都不容易，但如果因為對這些必要程序感到有壓力就不去申訴，那麼留下來的創傷，將遠遠超過申訴時的負擔，這些未來都會變成受害者要獨自承擔的部分。

在第一部第二章中我們可以看到，即使是在申訴過程受挫，認為申訴對治療創傷沒有多大幫助的受害者，也異口同聲地表示「一定要提出申訴」，借秀妍父母的話來說，若因為過程辛苦就什麼都不去爭取，結果一樣是一無所獲。請好好想想，加害者最希望的其實正是受害者不採取任何行動。

過程比結果更有意義

有些人會覺得，都進行申訴了，加害者沒有被強制轉學就沒有意義，或者是擔心報了警，加害者卻沒有受到懲罰，或僅受到輕罰的話要怎麼辦，不過在解決校園霸凌問題與治療創傷上，申訴與報警的意義都在於過程，而不是結果。

有一種概念叫做「修復式正義」，它是一個法律心理學用語，在解決犯罪問題時，不著重在懲罰加害者上，而是將重點放在讓受害者分享自己的故事，修復犯罪行為造成的傷害。

校園霸凌始於關係中出現力量不對等，加害者欺負力量不及自己的受害者，而修復式正義賦予受害者平衡這種不對等關係的力量[45]。方法很簡單，就是讓加害者、周遭同學、學校老師，甚至是警察與教育廳等公共機關一起聆聽受害者陳述，加害者在聆聽受害者敘述的過程當中，反思自己的行為，並感到後悔，而受害者身邊的人和公共機關則會挺身保護受害者，並協助他從傷害中恢復。

過往遭到校園霸凌的受害者，藉由校園霸凌 #MeToo 運動向世界發聲，也是同樣的道理，惠婷在前面提到：「加害者恣意行使暴力，周遭的人也只聽他說的話，現在我也有話想說。」「有種接受心理諮商時，也無法解決的情緒問題，在警方偵查過程中反而獲得解決的感覺。」關注受害者，傾聽受害者的聲音，就能帶給受害者恢復的力量。

加害者若能在聆聽受害者的話後，瞭解自己犯了什麼樣的錯誤，那當然是最好，不過就算加害者沒有意識到，自己施暴的事實被公開，且因校園霸凌申訴與警察偵辦的程序半強制性地以客觀角度審視自己的行為，也會引發加害者的羞恥心，同時讓受害者意識到自己握有與加害者同等的力量。

此外，我雖然呼籲要將校園霸凌說出來，但請不要誤會我是在鼓勵嚴懲加害者。迄今為止，我遇到的受害者所遭受的創傷程度與加害者受到的懲罰程度，並不成比例，有些受害者的創傷在加害者受到重懲後仍久久不散，也有受害者在加害者僅受到輕罰、或甚至沒有受到懲罰的狀況下，單純經由申訴的過程，便讓創傷獲得安撫。

其實，就受害者的立場來看，不論加害者受到何種懲罰，都無法讓受害者完全從傷害中恢復。懲戒與處罰可以追究加害者所作所為的責任，也能滿足受害者對應報式正義的追求，然而這只是受害者諸多需求之一，對於根本解決校園霸凌或是克服創傷來說，都不是萬靈丹。

因此校園霸凌創傷的治癒與否，並不在於申訴後的結果，而在於將校園霸凌事件說出來，透過公開程序，讓受害者有機會為自己發聲，得到加害者的道歉，也讓加害者得以反省自己，同時在家人的全力支持之下，藉由分享痛苦的這個過程獲得療癒。

---

45 Brenda Morrison, 'School Bullying and Restorative Justice: Toward a Theoretical Understanding of the Role of Respect, Pride, and Shame', Journal of Social Issues, 2006.

加害者的道歉與反省

說出校園霸凌，也是獲得加害者道歉的一個起點。不過有時候加害者道歉時，受害者會拒絕接受，因為受害者會認為接受道歉，就等於是原諒加害者、與加害者和解；有時則是加害者雖有意道歉，但受害者會擔心接受道歉有利加害者減刑，因此不願接受。

這是因為人們誤以為校園霸凌申訴的目的，是要懲罰加害者。接受道歉後要不要和解、要不要原諒，完完全全由受害者決定，主導權並不在加害者身上，所以我希望受害者可以先聽聽看加害者說什麼，而非在加害者道歉之前就予以拒絕，若是真心誠意道歉自然是最好，即便只是形式上的道歉，也能讓自以為高人一等的加害者，在受害者面前降低自尊、放下面子，承認自己的錯誤，就這點來看，加害者的道歉有助於恢復校園霸凌造成的人格傷害。

還有許多例子是受害者家長根本拒絕了加害者道歉，而使當事者得不到道歉，身為家長，對校園霸凌事件感到生氣與憤怒是理所當然，但是因為自己的情緒而剝奪當事者得到道歉的機會，對受害者撫平創傷來說也非好事。

很多人會以為受害者最想要的是看到加害者受到嚴懲，但實際聽過受害者們的故事，你就會發現其實他們最想要的是加害者的真心懺悔與道歉。在針對校園霸凌受害者做的實況調查[46]中，有三四％表示受害後最需要的是「加害學生的真心懺悔與道歉」，而「對加害學生的懲罰」僅占一九．八％，數據顯示比起懲罰，受害者更重視道歉。

有時加害者本身雖想道歉，卻遭到家長阻攔，因為道歉就等於承認過錯，家長擔心這會傷害孩子或父母的自尊，而做出錯誤的決定。不過如果你是個好家長，想讓孩子能好好成長，不想把他養成一個不會為自己的過錯道歉，一輩子受到別人怨恨的加害者的話，就應該要教他做錯事一定要道歉，且告訴他真心誠意道歉的方法，給孩子學習道歉的機會。

加害者也和受害者一樣希望能夠反省與道歉。根據調查結果[47]，當被問及施暴

46 綠樹基金會（2022）〈2022年全國校園霸凌與網路暴力實況調查〉。

受害後最需要什麼

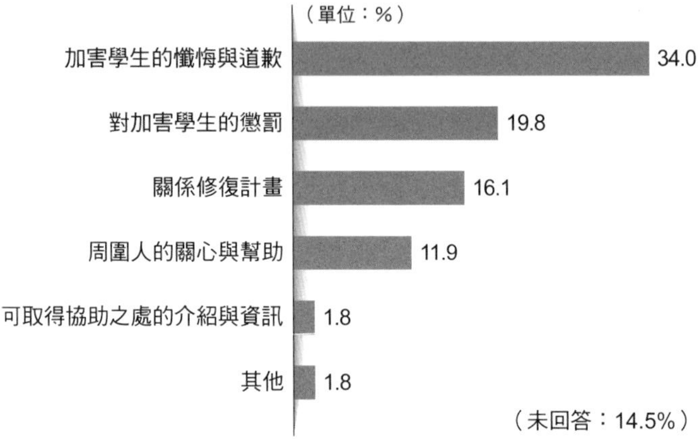

施暴後最需要什麼

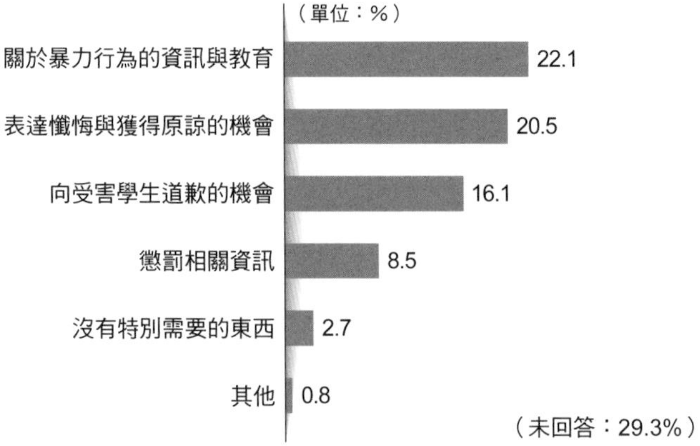

●韓國綠樹基金會的《2022 年全國校園霸凌與網路暴力實況調查》，可以知道不管是受害者還是加害者，都需要一個獲得道歉或進行道歉的機會。

後最需要什麼的時候，加害學生之中有二二・一%回答「正確的資訊或教育，以區分暴力行為與非暴力行為」，有二〇・五%回答「表達懺悔與獲得原諒的機會」，另有一六・一%的人回答「向受害學生道歉的機會」。

若加害者與受害者有一樣的想法，不妨利用現行制度備有的「關係修復計畫」。關係修復計畫的意義在於，藉由真實表達自己的感受與需求，並傾聽對方說法的過程，促進各自的修復與成長，最終透過關係的改善來修復關係[48]，尤其是當加害者不知道如何透過適當的方法，想要道歉卻不得其門而入，就可以靠關係修復計畫來解決這種問題。

舉個例子來說，國小六年級的受害學生A與加害學生B是同班同學，兩人在學期初的時候本來是要好的朋友，直到有一天A在足球比賽中受到其他同學稱讚，B覺得自己沒有受到關注而心生不滿，之後B便以展示所學的拳擊為藉口，趁機毆打A，更

47 同上。

48 韓國校園霸凌案件處理指引（2023）。教育部。

在教室中因A在遊戲中輸掉，而在班上同學面前辱罵A、踹A的小腿，後來B也在班級群組裡持續嘲笑和羞辱A。

A的父母得知此事，提出校園霸凌申訴，當事件付諸公論後，B便承認自己的錯誤，並表示想要向A道歉，而A也表示如果B有心道歉，自己願意和B對話，因此申請了關係修復計畫，不過A和他父母的前提是，參與關係修復計畫並不是為了與B和解，如果B態度不佳，他們隨時會將案件上提到校園霸凌對策審議委員會。

進行關係修復活動時，A表示當B對他拳打腳踢、在班上同學面前取笑他的時候，他覺得很痛苦也很丟臉；同時他也表達了自己的感受，說他把B當朋友，但朋友卻讓自己成了受害學生，讓他覺得很委屈，而且他也擔心剩下的六年級期間，或是未來上同一所國中，會持續遭到霸凌。而B也表達了自己的期望，他承諾以後不會再欺負A，希望A放心。

另外，B說他認為自己的行動只是一種玩笑，卻隨即被視為校園霸凌加害者受到申訴，讓他覺得很受傷，不過在聽到A這麼難受之後，他想為自己對A造成的痛苦道歉，也對自己過去的行為感到後悔。

像這樣各自表明心情與期望後，兩個學生在和解調停專家的協調下，坐下來面對面溝通。B相當後悔自己長期以來帶給A的痛苦，主動承諾不會再使用暴力。A則表示，透過修復活動，他瞭解了B如何看待自己的行為，也知道B是否明白自己的痛苦，所以對這項計畫感到非常滿意。不過他雖然接受B的道歉，但也希望對方可以理解，自己要相信B的承諾，仍然需要一段時間。A的父母感受到A心裡的傷痛已經被治癒，因此認定不需要召開校園霸凌對策審議委員會，終結了這起案件。

由此可見，懲戒和處罰只是解決校園霸凌的手段之一，而不是目的。

實現修復式正義，阻止暴力行為繼續，並促使加害者道歉且負起應當責任，這一切就是將校園霸凌說出來的效果，也是撫平創傷的起點。

我們扮演什麼樣的角色？

在撫平校園霸凌創傷上，各個社會成員的角色

要獨自克服校園霸凌創傷是一件相當困難的事，要讓受害者擺脫校園霸凌創傷，除了受害者本人之外，他的家人、朋友、教師和學校所扮演的角色都至關重要，根據他們的做法，創傷可能會提早治癒或更加惡化。

家長與家人的角色

從前面受害者的案例可以看到，校園霸凌造成的創傷，需要受害者父母堅持不懈與含淚努力。對年幼的受害者來說，家長是自己最可以依賴的人，同時也可以在他們身上得到最充分的幫助。

受害學生將遭到校園霸凌的事情說出來，代表他已經無法再獨自承受，渴求援手，如果這時家長卻認為校園霸凌不是什麼大事，說出「你就忍一忍吧。」「你自己要變強一點啊！」「你要自己克服。」「學生時期每個人都會遇到這種事。」「馬上就要升年級了，就忍到那時候吧。」等語而不願介入，受害者自然會更加受傷與沮喪；最糟的情況是家長甚至責備子女說：「你為什麼要被欺負啊？」本就已經因為遭到霸凌而自尊低落，結果連應該是最堅強後盾的父母都責怪自己，致使受害者徹底喪失自尊，覺得是自己不夠好才會被欺負，創傷趨於惡化。

大部分的受害者都無法輕易將自己遭到霸凌的事情告訴家長，不是成年之後許久才好不容易坦承，就是根本說不出口，只得獨自吞忍。受害者無法向家長吐露受害事實，通常都是因為感到焦慮與羞恥，他們擔心家長會難過、擔心自己會因為無法達到，家長對自己在校表現良好的期待而感到失望、覺得自己變成受害者很丟臉等各種理由，讓他們選擇閉口不談。問題是家長並無法輕易察覺子女遭遇校園霸凌，這是因為家長通常過於放心，且樂觀地認為：「校園霸凌只會發生在有問題的孩子身上。」「這些事與我無關，只會出現在媒體上而已。」

如果能夠認知到校園霸凌可能發生在任何人身上，平時多留意孩子，就能察覺到孩子細微的變化，去瞭解子女是否受到傷害，並提早介入干預，當校園霸凌實際發生時，你也能夠防止孩子因為不瞭解申訴或告訴程序而不知所措，無法正確應對，而面臨不利的情況。

孩子被霸凌，家長自然不好受，但家長不能把自己的難受，擺在受害當事人的痛苦之前，畢竟受害者本來就已經擔心自己的家長會難過，若是在他們面前露出憤怒、苦惱或極度焦慮的情緒，受害者便不會覺得家長是可以依靠的對象，反而會自責自己害家長如此難受，甚至會更不願意開口談論。因此，我希望家長可以試著以其他方式消解自己的負面情緒，至少在孩子面前要表現出堅毅的樣子，給孩子一個「我會盡全力幫助你和保護你」的印象。

家長的全力支持與穩定的依附關係，有助於受害者克服校園霸凌帶來的創傷，[49]看見家長在知悉校園霸凌事件後積極介入的樣子，讓他們覺得自己有最可靠的後援，能帶給受害者安全感。相反地，對加害者來說，大人試圖介入並對付自己，會給予他們相當大的衝擊；[50]他們原本以為可以一直任性妄為地欺負受害者，在受到衝擊後這樣的信心漸漸瓦解，使他們再也不敢隨意對待受害者。

不過，校園霸凌相關對應程序結束後，受害者的創傷並不會立即消失，因此家長也必須持續關心、照顧子女，給予支持與鼓勵。先前書俊的家人曾說，在克服霸凌的過程中，經歷了刻骨銘心的成長，最後學習到許多；家人彼此分享意見，共同努力度過困難時期，可以幫助受害者增強韌性，並強化家人間的凝聚力，帶來正面影響。[51]

49 吳承煥。影響青少年集體霸凌經歷的生態系統因素分析。精神健康科社會福祉（25 期）。
金宣雅（2005）。國中生的壓力與依附關係，對施暴與暴力受害經歷之影響。韓國青少年研究 vol.16(2)。
Rigby, K., Slee, P. T. & Martin, G., 'Implications of inadequate parental bonding and peer victimization for adolescent mental health', Journal of Adolescence vol.30（5）, 2007.
Troy, M., & Sroufe, L. A. Victimization among preschoolers: Role of attachment relationship history', Journal of the American Academy of Child & Adolescent Psychiatry vol.26（2）, 1987.

50 洪尚賢（譯）（2015，P.90-91）。解決霸凌問題的政治學。NARUMBOOKS。藤森毅。

51 房基妍（2014）。走過風浪，向前邁進——校園霸凌受害生之母的經驗。韓國心理學會誌 vol.1（12），P.18。

教師與學校的角色

在第一部提到的秀妍，她在國中一年級受霸凌折磨時，曾鼓起勇氣告訴班導，向班導求助，但老師卻不重視這起事件，既不查明加害學生是否說謊，也未採取任何措施，老師的態度讓秀妍感到無助，而班導的疏忽導致校園霸凌事件未能及早解決，留下未來創傷加劇的導火線。反觀升上國三後，新的班導傾聽秀妍說的話，並轉介秀妍到 Wee 中心，給予諸多幫助，也鼓勵秀妍鼓起勇氣申訴校園霸凌事件，在諮商師的主動協調下，秀妍獲得其中一名加害學生的道歉，而這也成了幫助她走出創傷的其中一個因素。

我們可以看到，校園霸凌發生時，教師與學校如何應對，有可能為受害者帶來幫助，也可能帶來二次傷害，為了防止校園霸凌傷害徒增，教師在班上發現霸凌情事時，最重要的就是立即介入，矯正加害者的行為，並教導其他同學幫助受害學生。[52]

受害者求助時，大多時候是教師武斷地做出決定，未採取任何行動，或是發生校園霸凌時，認定只是小摩擦而不告知家長，僅勸導加害者與受害者雙方和解，就草草了事。然而，即使看起來只是件輕微小事，要在短時間內全盤掌握事件也不容易，而且在不瞭解受害者感受到的傷害程度時，不應倉促妄下定論，當教師輕視受害者的遭遇時，受害者會因得不到幫助而感到沮喪，陷入告訴老師也沒用的無助感當中。

倉促要求雙方和解，也可能會造成大問題。沒有確認過加害者和受害者是否願意道歉或接受道歉，在加害者尚未明白自己的行為是錯誤時，就要求雙方和解，不但無法好好讓事件落幕，也會讓加害者認為「反正我已經道過歉了」，不知反省，而有再犯疑慮。因此，教師不能依照個人的判斷，處理校園霸凌案件，應透過正式程序嚴謹處置，如此對受害者和加害者才有助益，也能起到教育作用，讓他們意識到問題的嚴重性。[53]

教師為了積極幫助受害者而特別關注受害者，或是對受害者有特殊待遇，引起其

52 林在然、朴宗孝（2015）。針對教師預防與因應校園霸凌之能力的診斷標準開發研究。教育學研究 vol.53（3）。

53 林在然（2017）。教師預防與因應學生經歷之校園霸凌的能力研究。韓國心理學會誌：學校 vol.14（2），P.14-15。

他學生注意，也不是好的對應方式。實際上也有一名國中生揭露自己受到霸凌後，因為班導要求午餐時間和他一起面對面吃飯而感到壓力，拒絕上學，因為和老師單獨吃飯的樣子太過受人矚目，反而引起更多同學私下耳語說：「他是因為被排擠才會和老師一起吃飯。」像這樣過於明顯地幫助受害者，反而會為受害者帶來負擔，因此教師最好是協助他們自然參與和適應班級活動，避免使他們成為眾人焦點。[54]

最後，校長與教師的態度是決定校園霸凌是否猖獗的重要因素，當校方默許暴力，不重視校園霸凌，校園霸凌就會更加頻繁發生[55]，學校的被動反應使受害者難以尋求幫助，也讓加害者得知學校沒有意願採取強力的應對措施，而更容易去施展暴力行為。

為了避免校園霸凌持續發生，並營造不容許暴力的校園氣氛，班級導師應該隨時注意班上是否有學生遭到霸凌，若觀察到可能遭霸凌的學生，就應私下進行輔導，藉由周遭的同學蒐集相關資訊。至於包含校長在內的教師們，則必須以堅決反對校園霸凌的領導力，展現公事公辦的嚴正態度。

同齡朋友的角色

對受害者產生校園霸凌創傷影響較大的因素之一，就是漠視校園霸凌、視而不見的旁觀者，和加強校園霸凌的催化者。

周遭同學的旁觀態度會被解讀為是默許校園霸凌，使加害者得以更加大膽地施暴，當身邊的同學抱著「只要不是我就好」的想法，不願站出來的時候，他們很快就能找到加害學生，為了欺負受害學生而製造出來的藉口，以「因為受害學生有問題，才會遭到霸凌，所以我不用幫他」的態度，進行自我防禦、減少自身的罪惡感，意圖擺脫自己行爲不當的想法。

有時候加害者會為了孤立受害者，而跟平時也不怎麼熟的旁觀學生套近乎，邀他們一起玩，此時旁觀者要麼因為力量懸殊出於不得已，要麼毫無想法地就按照加害者

---

54 同上，P.17。

55 許勝熙、李希榮（2019）。校園霸凌的校內生態因素與因應方案——以微觀系統與中間系統為中心。水產海洋教育研究 vol.3（16），P.4。

的意圖行事，但這是加害者在利用旁觀者，說到底就是一種助紂為虐的行徑。[56]

旁觀者會樂觀地覺得自己沒有任何問題，並不擔心會遭到霸凌，然而在暴力蔓延的教室與校園中，任何人都有可能在下一秒就成為受害者，因此周遭的同學即便不是有幫助受害者的偉大抱負，單純只是為了不讓自己成為下一個校園霸凌受害者也好，都應該出手幫助受害者，讓加害者無地自容。

另一方面，發生校園霸凌的時候，也有一些不願旁觀，而是挺身保護受害者的朋友，這些防禦者為校園霸凌受害者帶來極大的力量。防禦者扮演了主動積極防禦校園霸凌的角色，包含幫助受害者、制止加害者、鼓勵身邊的朋友一起站出來阻止暴力，還有向老師求援等等。[57]

除了透過話語與行動積極協助受害者外，防禦者也會辨識危險情況，發揮才智，幫助受害者脫離受霸凌的險境；此外，防禦者會先主動接近因被排擠受到孤立的受害者，與他們交談，陪在他們身邊或是安慰他們的心靈，給受害者申訴校園霸凌的勇氣。對於加害者，他們則會以各種方式阻止暴力情況，譬如以身體阻止加害者施暴、大聲喝斥加害者不要這麼做、奪走危險物品、在加害者進行言語暴力的時候，指出這些話太過分等等。之前就有幾名學生扮演防禦者的角色，在加害者為了排擠受害者而另設群組聊天室的時候，直指「你這種排除一個人另外建群組的行為是一種霸凌」，隨即邀請受害者加入聊天室，避免了霸凌傷害。

不僅如此，防禦者可以請朋友幫忙，或鼓勵他們一起擔任防禦者，也可以在校園霸凌事件發生時，立即告訴老師，把老師帶到現場，甚至是在校園霸凌案件調查時，客觀陳述自己看到的狀況，提供真實的證詞。當旁觀者成為防禦者，加害者反而是群體裡的少數，難以施展暴力，受害者則在身邊朋友的幫助之下獲得力量，不會再感到畏縮害怕。

受害者針對克服校園霸凌後創傷的過程，一致指出同齡朋友的幫助、同理和安慰，給了他們莫大的力量，特別是不帶「因為你有錯才會受罪」的偏見，能夠以他們本來的樣子和他們做朋友，在心裡難過的時候，默默陪在身旁的朋友尤其重要。

56 李慧靜、宋秉國（2019）。校園霸凌事件中女性青少年旁觀經驗的現象研究。青少年福祉研究 vol.21(2)。

57 李榮紀、宣惠娟（2016）。國小校園霸凌受害兒童防禦者經驗的定性研究。教育研究農村 vol.3（1），P.262。

最終因人而受的傷害，也是因人而癒合，當一個人更加重視認可自己、陪在自己身邊的朋友，而不是欺負自己的加害者時，加害者的存在便顯得微乎其微，不會再對受害者的生活造成影響。

其他社會成員的角色

校園霸凌 #MeToo 運動興起後，社會上形成了一股「校園霸凌不是受害者的錯，該感到羞愧並受到責備的應該是加害者」的氛圍，不過仍有「可憐人自有可恨之處」的見解存在。這種觀點在校園霸凌案件調查、校園霸凌對策審議委員會進行過程當中也隱約存在，對受害者說出「你自己也有錯吧？」「因為你的行為，才導致對方這麼做的吧？」「你沒想過原因可能出在自己身上嗎？」「個性膽怯又不會拒絕，才導致了這種結果。」等話的情形所在多有，受害者聽到這些話不免感到困惑，以為也許自己真的有錯，自尊心也就更加低落，到頭來這些全都是對受害者的二次傷害。

其他學生家長也是一樣，聽到班上發生校園霸凌事件時，如果露出的反應是「加害者會這麼做也是有原因的吧？」那也等於是在教孩子「校園霸凌是發生在應得的孩子身上」。部分家長還會要目睹校園霸凌的子女「不要多管閒事，好好念你的書」，讓孩子無法對受害者伸出援手，或是阻攔孩子以證人身分去做校園霸凌相關陳述，更有甚者聯絡學校，要求學校不得對自己的孩子進行案件調查，在知道孩子寫了陳述書之後，向校方反應「為什麼沒有監護人同意，就擅自要求孩子寫陳述書？」

這些行為其實都等於是在阻礙案件解決，且助長校園霸凌；當媒體報導名人過去犯下的校園霸凌事件時，他們不忘批評，卻教育自己的孩子忽視就讀學校中發生的暴力事件。大人懦弱地逃避痛苦，卻欲將這種處世態度一五一十地教給孩子，望各位能以這樣的態度為恥。

檢調機關仍將校園霸凌視為小孩子吵架，態度散漫，是一個值得探討的問題。二〇一七年九月，釜山四名國中生集體把對同齡學生施暴的過程拍攝下來，炫耀般地將照片上傳到社群平台，當時負責偵辦案件的警察，在受訪時說道：「這是一起因爲『覺得對方沒禮貌』『態度惡劣』等孩子間常有的小事，而發生的爭端。受害學生的頭部有些瘀傷，不過是因為她滿頭大汗，所以看起來很嚴重，實際上並不像照片看起來那麼糟糕。」這種淡化事件的態度引起了公憤，後來還傳出警方在巡查時，看見加害者拖走受害者仍直接路過，甚至接到報案出動到現場後，在旁看了約十秒就離開。

近來也有一起事件，凸顯了警察對校園霸凌認知態度的問題。二〇二三年一月，大邱發生了一起事件，兩名國中生把同齡的受害學生帶到汽車旅館，逼他脫掉衣服裸體跳舞，做出猥褻行為，更在社群媒體上直播整個過程。有幾個觀看直播的學生意識到這起事件的嚴重性，而向警察報案，警方出動到現場後，聽加害者說只是在開玩笑，也未將加害者和受害者隔離，就直接請他們回家。後來加害學生被依犯下資通網路法散播猥褻物罪處以四年有期徒刑，可見案件之重大，對比警方一開始散漫的應對態度，就可知道他們有多麼輕忽這起案件。

不論設立多少嚴罰加害者的法律規範，只要事件不被認真看待，受害者就無法受到保護。校園霸凌絕不是與你我無關之事，我們必須對校園霸凌更加敏感，保持警覺心，知道我們自己、朋友、子女隨時都有可能成為受害者。為了防止受害者因無法獲得援手而選擇私刑報復，我們需要讓人們知道校園霸凌不是受害者的錯，並確保加害者代替受害者成為少數族群，並肩負起責任。

心理諮商與專業治療

可協助克服校園霸凌創傷的機關

韓國也有相關專業心理諮商治療，協助克服校園霸凌創傷。

心理諮商治療

心理諮商是指需要諮商的當事人，藉由將自己的困擾分享給諮商師。諮商師幫助當事人瞭解自己，找出他們無法自行解決困擾的心理因素，在持續不斷地諮商過程中，給予心理上的安定感，並激發當事人內在的力量，幫助他們解決困擾。

心理諮商能夠幫助校園霸凌受害者，是因為受害者可以藉由諮商的過程，覺察自己的情緒，並加以調節。霸凌的後遺症包含了各種負面情緒，隱隱約約感受到焦慮和抑鬱，不知該如何在這樣的情緒當中生活，與明確知道自己現在感受到的負面情緒是什麼、原因是什麼，以及如何控制調節它們，是相當不一樣。受害者接受心理諮商的時，可以學習到正確調節情緒的方法，避免衝動地以自殘等不健康的方式紓解情緒。

另一個原因則是在諮商過程中，受害者可以得到被人理解的感受，緩解負面情緒，大家常說和朋友聊天可以紓解壓力，就是這個道理。

透過諮商而得以客觀審視自己，也是諮商對受害者有效的原因之一。自己一個人思考的時候，受害者可能會自責，想：「因為我做錯了什麼，才導致這件事發生。」或是認為：「只有我一個人過得這麼辛苦。」但隨著諮商進行，受害者可以客觀地看待自己，明白被霸凌不是自己的錯，會感到焦慮與憂鬱是正常的情緒反應。

以下是韓國協助校園霸凌受害者，提供相關諮商服務的機構。

● Wee 校園諮商室（Wee Class）與 Wee 中心（Wee Center）

韓國教育部根據《Wee 事業經營管理相關規範》[58]經營一個名為 Wee 計畫（Wee Project）的項目，旨在預防校園生活中可能發生的危機，並為陷入危機中的學生提供諮詢、治療等各種支援。只要是就讀國小、國中、高中的學生，就能接受 Wee 校園諮商室、Wee 中心與 Wee 醫療中心的支援。

Wee 校園諮商室是一種校內機構，學生可在每間學校都有的諮商室接受諮商，截至二〇二二年，已有 8,619 所學校備有 Wee 校園諮商室。

Wee 中心在全韓國市、道行政區的教育支援廳內共設有二〇六間，就讀的學校未設有 Wee 校園諮商室、在 Wee 校園諮商室接受諮商有困難，或是 Wee 校園諮商室轉介的學生，都可以由本人或監護人申請，獲得心理測驗、個人或團體諮商、心理治療等支援。此外，各市、道教育廳也開設了十六所 Wee 學校（Wee School）。Wee 學校專門收容無法受到家庭照護、有社交恐懼症或因心理或情緒障礙而無法適應學校，需要諮商、中長期委託教育及治療的高風險學生，由所屬學校發文申請。

為了給予高風險學生更深入的支援，另有十三家 Wee 醫療中心營運。Wee 醫療中心為患有心理或情緒障礙，而需要治療的學生提供諮商、教育、治療及醫療諮詢服

---

58 韓國教育部訓令第 329 號

務，更提供專科醫師駐院治療，可由監護人或學校申請。

● 青少年諮商福祉中心

韓國青少年諮商福祉開發院是隸屬於女性家族部的公家機構，透過全國各地的青少年諮商福祉中心為全國青少年提供支援。青少年諮商福祉中心設於全國二百四十個地區，實歲九歲以上到二十四歲的青少年可至韓國青少年諮商福祉開發院（www.kyci.or.kr）搜尋最近的中心，就近利用。

● 青少年專線 1388

在韓國，青少年或青少年監護人可隨時與輔導專員進行電話諮商，不受日期、時間限制，撥號時按下區碼與 1388 即可撥到最近的中心與諮商師通話，免付電話費。如遇緊急情況，該中心也會視需求提供緊急救援活動，直接上門拜訪青少年。

● 精神健康福祉中心

它是一個為遭遇心理困難的地方居民，提供精神健康服務的公家機關，提供專業諮商與諮商療程等。現在廣域市精神健康福祉中心設有十六間，基礎精神健康福祉中心則有二百四十四間，可至鄰近的精神健康福祉中心，或撥打精神健康危機專線，精神健康專員會為你轉介諮商或相關機構。

● 綠樹基金會諮商治療中心

綠樹基金會諮商治療中心是由首爾市教育廳與京畿道教育廳指定的機構，針對校園霸凌受害者提供心理諮商、建議與臨時保護，除了為經歷校園霸凌而有心理諮商需求的兒童、青少年及成人提供諮商與其他必要的支援外，也為受害人家長提供諮商服務。透過線上諮商留言板、Kakao Plus 好友、諮商諮詢專線，可獲得更詳細的資訊。

● 私立心理諮商中心

你也可以在私立的諮商中心接受諮商與心理治療，不過私立心理諮商中心數量眾多，很難確定其人員是否具有經過諮商心理集中訓練的專家資格，所以建議先確認他們是否具備韓國諮商心理學會的諮商心理師資格、韓國臨床心理學會核發的臨床心理專家資格、保健福祉部核發的精神健康臨床心理師資格證等，再上門拜訪。

在韓國諮商心理學會網站首頁（www.krcpa.or.kr）上點選「查找諮商心理師」、在韓國臨床諮商心理學會網站首頁（www.kcp.or.kr）的資訊廣場分類中，搜尋「查詢臨床心理學者」「臨床心理學者開業現況」「臨床心理學者任職醫院」等，都可以找到附近合格的心理諮商中心。

● WithWee 中心

WithWee 中心是韓國教育部與首爾市教育廳委託綠樹基金會經營的機構，專門為校園霸凌受害學生，提供與校園霸凌相關的支援。WithWee 中心提供各種課程活動，除了有療癒受害學生心靈的課程之外，也有各項體驗活動與學習指導、職涯指導，可協助學生在重返校園後適應環境；此外，他們也針對校園霸凌受害學生與其家屬舉行會議，並提供諮詢、法律顧問、獎學輔助等多元支援措施。

曾遇校園霸凌的學生與其監護人可撥打 WithWee 中心電話（02-598-1610）諮詢，以電子郵件繳交申請文件，接受面試，並透過為各個時期設計的計畫獲得支援。

● 校園霸凌受害者家屬協會

設立於二〇〇〇年的非營利組織，由一群校園霸凌受害者家庭組成，旨在根除校園霸凌，並防止學生成為校園霸凌的犧牲者。協會支援校園霸凌受害學生治療創傷，在韓國當地建立起基礎支援系統，讓學生可以穩定地繼續校園生活，同時針對因為校園霸凌而同樣感到痛苦的家屬，提供持續性的諮商與治療課程。

協會更設置了「開朗治療中心（Healing Center, Haemalgum）」，這是一個全國性的寄宿型藝術與心理治療機關，為校園霸凌受害學生與家長提供服務。可申請兩週的短期教育課程或以一年為單位的教育課程，目的是提升學生解決問題的能力與提供諮商與治療，並幫助學生提高自尊心與培養適應校園的能力。

精神醫學科的專業治療

校園霸凌創傷不僅是一時的情緒反應，還會伴隨神經異常、認知能力降低的變化，因此必須同時接受精神科的專業醫學治療。以為創傷可以單純靠受害者的意志克服，或是不承認它是一種疾病而沒有接受適當治療，那麼創傷可能會隨著時間過去而更加惡化。就像感冒看醫生、牙痛看牙醫一樣，精神疾病也需要接受專業醫療機構的治療，因此至少要到醫院檢查，確認自己的病情，而不要主觀判斷自己的狀態。

精神醫學科與心理諮商中心不同，並不是以諮商為主，而是透過精神醫學上的診斷提供藥物治療，以減輕症狀。

臺灣在處理校園霸凌事件後，針對被行為人，學校會利用三級輔導系統，轉介學生心理輔導諮商中心由專輔老師協助，或轉介於一般心理諮商中心進行創傷協助。

學生心理輔導諮商中心[59]

臺灣教育部為全面建置國民中小學校園輔導機制，充實輔導人力，落實偏差行為、高關懷與適應困難學生的輔導工作，自民國一〇〇年起補助全國各縣市全面建置學生輔導諮商中心，增置專任專業輔導人員，提昇學校有關偏差行為學生的危機處理、諮商與輔導等能力，協助學生輔導工作，全面防制校園霸凌事件的發生。

根據國民教育法第十條規定，各縣（市）政府及國民中小學應依法置專任專業輔導人員，各直轄市、縣（市）政府所屬國民小學及國民中學校數合計二十校以下者，置一人，二十一校至四十校者，置二人，四十一校以上者以此類推；班級數達五十五班以上之國中小，每校應至少置專任專業輔導人員一人，以落實國民中小學學生輔導工作。

教育部據此訂定「國民小學國民中學及直轄市縣（市）政府置專任專業輔導人員辦法」，針對專任專業輔導人員的資格、設置、實施方式、期程及其他相關事項進行規範，其服務內容主要為心理評估、輔導諮商、學生及其家庭、社會環境評估及資源轉介服務。

59 教育部學生輔導資訊網「學生輔導諮商中心工作資源參考手冊」。

主導權在我身上
克服創傷的日常實踐

最後要為大家介紹的是在日常生活中可以實踐的克服校園霸凌創傷方法。許多案例已經證明，校園霸凌造成的創傷不會永遠困擾著受害者，受害者總有一天可以告別創傷，而告別創傷的主導權就在受害者身上。

當時的記憶不斷浮現

加害者絲毫不記得自己做過什麼，繼續過著他的生活，受害者被霸凌的記憶卻宛如昨日，歷歷在目，每當媒體報導校園霸凌案件，或是看到類似的情況，就會想起當時的情景，使得受害者們一直受過去折磨，無法脫身。

周圍的人對這些受害者的反應是「事情都過了十多年了，為什麼現在還這樣」、「現在也該是時候放下了吧」，受害者也受不了自己，並試著努力不去想這件事，但是他越努力，過去的記憶就越是縈繞在腦海裡。一個星期前午餐吃了什麼都不記得，為什麼校園霸凌過了好幾年，卻還是糾纏著受害者呢？

像校園霸凌這種負面記憶之所以會不斷浮現，與受害者的意志無關，而是受到大腦的影響，相較於正面事物，人類大腦傾向於關注負面事物，這被稱之為「負向認知偏誤 negativity bias」，是利於生存的一種大腦進化結果。

哥倫比亞大學的腦科學家雷內．亨 René Hen 教授表示，由於大腦無法記住所有事情，所以它會先記住生存所需的東西，像是恐懼、害怕就是生存所需的重要資訊。記憶伴隨情感儲存於腦內，像恐懼與害怕這種強烈的情感，會與相對應的記憶一起儲存在杏仁核[60]裡，大腦為了避免再次經歷那些情緒的危險情況，產生了會讓我們反覆想起這件事的防禦機制[61]。

問題是在這樣的過程當中，想起來的不僅是記憶而已，連儲存在腦裡的負面情緒也會一起浮現，因此每當校園霸凌受害者回想起過去的記憶時，總會像昨日才剛經歷一樣，感受到憤怒、自責、無助和後悔，備受折磨。

意識轉換

現在我們已經透過客觀事實，瞭解校園霸凌受害者為什麼會不斷想起過去的回憶，當過去的記憶再度浮現腦海時，受害者光是認知到「又想起這段記憶是因為大腦的防禦機制」，就可以更加客觀地看待自己的記憶和情緒。從現在起，要實踐的就是「轉念」。

在成功克服校園霸凌創傷的受害者們身上，都有一個共通點，就是「意識的轉換」[62]，瑛恩和惠婷克服創傷的決定性關鍵，就是他們的認知有了轉變，意識到加

60 大腦中調節情緒的區域，在恐懼和焦慮的學習和記憶中發揮重要作用。
61 LeDoux J. E.,‘Emotional circuits in the brain’, Annual Reviews of Neuroscience vol.23, 2000. p.155-184
62 李紀淑（2015）。對克服校園霸凌傷害之過程的敘事探討。檀國大學研究所，P.97。

害者無法再對自己的人生造成任何影響。

「過去只存在於記憶中，無法影響現在的我，過去的我和現在的我是兩回事。加害者已經不在我周遭，現在我身邊的是能夠理解我、重視我的珍貴人們，對我來說重要的是這些珍貴的人，加害者對我來說，已經是微不足道的存在。」

一旦開始這麼想，就會發現為了加害者而消磨的情感和時間都沒有意義，你不用再去想一個沒有價值的存在，而是透過各種方式安慰自己，培養照顧自己的能力，觀看過去事件的態度也會產生變化，進而慢慢地將注意力從加害者轉移到自己身上，活在當下的現實之中。

當然這種意識轉換，並非一蹴可幾，但它可以在長期進行各種嘗試與努力，以及身邊人的幫助之下實現，因此不需要因為現在還做不到，就感到挫折或自責。就像你想學習一門運動，也不是馬上就能擅長該項運動，一定是要經過每天練習，熟悉運動的感覺，一點一點地鍛鍊身體的肌肉；意識的轉換也需要時間和努力。

重要的是我們已經知道創傷為什麼會困擾受害者，且受害者也有能力透過轉換意識來擺脫它，就算要花上一些時間，總有一天也一定會成功克服創傷。

記憶重塑

接下來要練習的是「記憶重塑」。重新塑造記憶其中一個方法就是把腦海中出現的校園霸凌記憶與感受詳細寫下來，如果說把校園霸凌說出來是把事實告訴外界的手段，那麼重塑記憶就是將事實告訴自己的一種程序。

受害者腦中混亂的記憶片段之間彼此沒有連結，就像雜亂無章的抽屜，不過如果藉由文字整理，將過去具體化，便能客觀審視當時自己經歷的事情，而隨著散落的記憶被整合，記憶拼圖也開始慢慢拼湊。在思維漸漸變得更有條理的同時，你會開始檢視過去所遺漏的記憶，接著回顧自己的生活，也可能會發現當初的經驗帶給你新的意義。[63]藉由這個過程，你會明白發生校園霸凌錯不在你，困擾你的自責感和無助感也得到緩解。記憶重塑也有在腦裡重新解釋過去的記憶，並重新儲存記憶的效果[64]，現在自己感受到的自我憐憫與安慰、不再害怕加害者的坦然、知道不是自己

63 李紀淑（2015）。對克服校園霸凌傷害之過程的敘事探討。檀國大學研究所，P.88。

錯的自信，取代與過去記憶串聯的無力感、自責感，還有對加害者的恐懼，編織成新的記憶重新存檔，因此當你重塑了記憶之後，你不會像以前那麼痛苦，因為即使你再想到過去，也不會想起那些負面情緒。

利用大腦的可塑性做思考訓練

腦細胞與大腦區塊的流動變化特性，被稱為「大腦的可塑性」，過去人們認為大腦一旦完全發育，就不會再改變，但是腦神經科學家研究發現，腦細胞會根據學習或各種環境而成長或衰退，尤其是負責記憶的海馬迴會淘汰老舊神經細胞，生成新神經細胞，表現出活躍的大腦可塑性。

世界頂尖研究大腦可塑性專家暨腦神經科學家麥可．梅澤尼奇 Michael Merzenich 認為，大腦和肌肉一樣可透過訓練改變，且由於大腦皮質空間有限，它只儲存對自己有用的東西，並刪除不使用的神經網路，因此大腦中加害者的存在感和比例越低，加害者和校園霸凌所形成的神經網路也會隨之退化。[65]

你需要反覆、有意識且有目的性地清理掉不必要的神經網路，並強化有助於你專注於現在生活的神經網路；練習彈鋼琴可以強化演奏的神經網路，練習瑜伽可以強化柔軟度與肌力的神經網路。

人腦有排斥新事物的本能，因此當你要以陌生的新神經網路，取代原本已經熟悉的神經網路，大腦很可能會抵抗，要讓不熟悉的事物變得熟悉，你應該每日進行練習加強它們，投入的時間、注意力和精力越多，我們的大腦就會形成神經網路來回應這種努力，進而剪除不再使用的神經網路。[66]

建議你可以使用霸凌與虐待創傷治療專家珍妮弗・福瑞澤 Jennifer Fraser 提出的神經網路強化練習，用以下的方式鍛鍊自己的思考。

---

64 李紀淑（2015）。對克服校園霸凌傷害之過程的敘事探討。檀國大學研究所，P.114。
尹承熙（譯）（2002）。一生都能好好記憶。Woongjin 知識屋（莉莎・潔諾娃）。

65 鄭智皓（譯）（2023，P.87）。霸凌如何破壞你的大腦。Simsim Books（珍妮弗・福瑞澤）。
Michael M. Merzenich, "Soft-Wired: How the New Science of Brain Plasticity Can Change Your Life", Parnassus Publishing, 2013.

66 張浩延（譯）（2018）。自癒的大腦。東亞（諾曼・道奇）。

我在國中的時候被加害者霸凌，加害者造成我的痛苦與創傷，我現在會這個樣子，都是因為過去發生的事。

◀

雖然我在國中的時候被加害者霸凌，但我沒有因此一蹶不振，而是戰勝了苦難。他們的錯誤行為對我幼時的大腦帶來影響，但是現在已經不會對我造成任何影響。[67]

要時時提醒自己，即使承認受到傷害，但只要自己不允許，那樣的傷害就不會持續，也無法影響現在的自己。每個人的腦都有可塑性，治癒創傷的主導權就握在受害者手上。[68]

寬恕與療癒

有些受害者一聽到「寬恕」兩個字，就會出現「加害者沒有真心道歉，怎麼可以原諒？」「為什麼要強迫受害者寬恕？」「為什麼要原諒加害者？」諸如此類的反應，這是因為他們誤以為寬恕是要放過、掩飾加害者的過錯，是為了加害者的利益，然而寬恕的真正意義是克服被他人不當傷害後，所產生的負面反應，並做出正面的回應。[69]

換句話說，寬恕是為了療癒與修復自己，全然是因為自己，而不是為了加害者。寬恕要先從承認自己受到傷害開始，而且不能為傷口找藉口或將它合理化，應該要正視它，並積極解決它。[70]

67 鄭智皓（譯）（2023，P.197）。霸凌如何破壞你的大腦。Simsim Books（珍妮弗．福瑞澤）。
68 同上。
69 金炳路、金善期等（2022）。寬恕、和解與治癒。新浪潮 Plus，P.74。
70 金炳路等，同上，P.77。

受害者在原諒加害者的同時，可以清楚指出對方做錯了什麼、為什麼會帶給自己傷害。加害者的道歉或補償對寬恕雖有幫助，卻不是必須，寬恕是一種完全由受害者選擇和決定的行為，與加害者是否道歉無關。

即使沒有得到加害者道歉，我也希望受害者不會認為自己無法原諒，執著於一定要收到道歉，畢竟如果他是會道歉的人，一開始就不會做出那些暴力行為了。當加害者在受害者生命中的存在價值已經微乎其微，他道歉與否，也不會有太大不同，認為一定要收到道歉才能走出或原諒校園霸凌的想法，其實意味著過度仰賴加害者，且是將解決問題的主導權交在了他們手上。

認為原諒加害者就等於要跟他和解，這也是一種誤解，因為寬恕不是一種雙向互動，而是取決於我自己內心所做的選擇，是對自我的寬恕，也是對過去的寬恕。寬恕建立在不埋怨過去的自己，並接受過去無力反抗、軟弱無能的自己，也放下那些折磨自己的過去。

很難說受害者要經歷多大的變化，才算是完全從校園霸凌的創傷中走出來，要花上多少時間也很難拿個準，就像身上的傷口會留下長久的傷疤，過去的校園霸凌當然也無法完全抹去，就像從未發生過一樣，但是我們可以承認這一點，並且像秀妍的父母說的，不斷反覆進兩步退一步的過程，慢慢地離創傷越來越遠。

我們有足夠的力量克服校園霸凌創傷，這一點可以從許多曾經的校園霸凌受害者，如今都活在當下來印證。

附錄

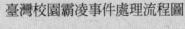

昨日的我們，致今日的你

最後，在第二部介紹過的校園霸凌受害者家屬有些話想說，我將內容轉述於此。他們表達，比任何人都更想給予現正經歷校園霸凌的受害者與受害者家屬支持與安慰，願他們的安慰與真誠建議，能為你們帶來幫助。

● 秀妍的母親

看見孩子因爲受到霸凌而痛苦的樣子，對父母來說是極大的痛楚，恨不得自己能代替她受苦。而且在不管怎樣都要讓孩子擺脫校園霸凌痛苦的心情下，也可能會迴避問題，或是輕易地就拿自己的經驗做比較。

每天早上要苦口婆心勸不想去學校的孩子上學，那樣的生活就像個地獄。你可能會對不想上學的孩子說：「媽媽小的時候，這種事根本不算什麼。」或是生氣地質問：「誰誰誰遇到比這更糟糕的事，也還是有去上學，為什麼妳做不到？為什麼說妳沒辦法？」然而，像這樣忽視孩子的痛苦，為了解決眼前問題就隨口說出的話，對深受校園霸凌之苦的孩子，一點幫助也沒有。

我認為最重要、最應該擺在優先順位的是同理孩子難受的心，我不再拿自己的孩子和其他孩子做比較，而是試著站在她的處境去理解她的心情。這件事並不容易，但是當我同理她的痛苦時，她會告訴我她「很痛苦」。

你也許會想，孩子不知什麼時候才能走出校園霸凌帶來的創傷，亦會覺得，在身旁看著孩子痛苦，就像是走在一條黑暗不見盡頭的隧道中。每一天。我都在黑暗漫長的隧道裡尋找離開的出口，內心充滿了諸如「孩子什麼時候才能去上學？」「如果一輩子無法去學校，我是不是要讓她在家自學？還是要讓她轉學？」之類的擔憂。

並不是身為父母，就完全瞭解自己的孩子，孩子有自己的個性，可能會有適合她自己的方法也說不定。但最重要的是，孩子比父母想的還要有力量，如果找不到隧道出口，那就試著感受孩子的心情與傷痛一回，並告訴孩子「父母會完完全全站在你這一邊。」至於上不上學、申不申訴，這些解決方法留待下一步再去思考也無妨。

● 秀妍的父親

經歷過校園霸凌傷害的孩子，傷口雖會隨著時間癒合，卻仍會留下傷疤。我能夠感受到孩子拚命想要避開加害者的心情，同時也能感覺得到當初孩子對加害者的恐懼隨著時間轉換成憤怒。

身為孩子的父親，申訴校園霸凌那時候，我氣到幾乎失去理智，但是這對孩子絲毫沒有幫助。校園霸凌這種事來得猝不及防，不管是孩子還是父母，慌張失措都是在所難免。

遺憾的是，我知道和我們具有相同經歷的校園霸凌受害者父母有很多，我想一定也是很痛苦煎熬，不過下面我整理了一些意見給你們參考。

①請理解孩子的心，充分共感孩子的痛苦。

②切勿在孩子面前表現出你對於這種情況的憤怒。

③仔細思考要告訴孩子的重要事情或事實，在說話前慎重思考你要說出口的每一個單字，你的話在孩子耳裡聽起來可能會覺得是強迫，或者不是他想要的方法或表達方式。

④如果決定要申訴校園霸凌，請一定要尋求法律專家的協助，因為父母對法律的無知，可能帶給孩子更多傷害。

⑤絕對不要抱著「時間過了就會好了」的想法消極應對，有一天你會後悔錯過那段時間。

⑥如果有配偶，請不要將責任歸咎給對方或是和對方生氣、爭吵。你的配偶也是孩子的父母，感受到的痛苦跟你一樣，你們應該要共同克服這一關。

⑦這是一場長期抗戰，加害者也是別的父母的孩子，一定會否認一切，拒絕承認。請適時放下你內心的傷痛，照顧好自己的身心健康。如果倒下了，就沒有人可以保護孩子，所以為了家人，請時常鍛鍊身體，尋求心理諮商，哪怕是靠藥物的幫助，也要照顧自己的健康。

政賢的父母

一想到孩子獨自熬過那段艱難的時光，我仍然感到心痛，也覺得很後悔，如果我們當初能注意到他與平時不一樣的地方，也許他就不用經歷這麼長時間的暴力了。

希望你們能隨時注意孩子細微的變化，經常與孩子進行日常對話。如果發生校園霸凌事件，請讓孩子感覺到「爸媽站在你這邊，會盡一切努力來保護你」，採取積極的行動，讓孩子有安全感。已經發生的事情無法抹去，盡可能協助孩子撫平過去傷痛是做父母的責任。

書俊的母親

校園霸凌對策審議委員會召開的時候，督學說的話曾給我們帶來相當大的衝擊，他說：「書俊平時好像沒有一起玩的朋友，個性不太積極。」這樣的發言彷彿是在將校園霸凌的責任推給受害學生。就連專門負責校園霸凌問題的督學，也表現出一種劃分責任的心態，稱校園霸凌的發生，不僅是加害學生的責任，受害學生也有責任，讓人更不敢想第一線處理的學校會是怎麼樣。

霸凌受害者是加害學生的錯，不管有任何理由，都不該合理化自己的藉口，說受害學生被欺負是自找的。我希望不要有人用「原因出在你身上，你也有責任」的態度，造成受害學生的二次傷害。

至於父母，我希望你們可以無條件理解孩子、同理孩子的傷痛，表達出「無論發生什麼事，我們都會一直保護你」，讓孩子感到安心，這樣對撫平創傷應該會有許多幫助。

同時，我也希望你們不要被憤怒所驅使，在孩子面前表現出失去理智和動搖的模樣，孩子看到父母這麼難受，可能會覺得是自己害父母這麼辛苦，因而感到自責。當時我被加害者父母擺出做賊的喊捉賊的態度刺激，無法抑制怒火而痛苦不已，書俊看我這樣，跟我說：「如果媽媽因為這件事這麼痛苦，那我不要他們道歉也沒關係。」這句話讓我頓時清醒了過來，此後便一直努力放下情緒，在處理事件時保持理性。

為了治癒孩子的創傷，我認為父母應該要先穩定心態，才能做出冷靜的判斷，校園霸凌不僅是孩子的事件，而是整個家裡的事件，希望家人之間可以一起努力，有智慧地解決問題，讓孩子不孤單。

● 延珠的母親

我想告訴受害的當事人：「不是因為你有錯才發生問題，把事情說出來也不是帶給學校或朋友負擔的行為，更不必擔心說出實情會讓父母為難，因為父母不會因為你發生這種事而感到難過，反而是因為太晚知道，覺得自己沒有早一點發現你的心事，才會更加痛苦，所以你不要自己一個人煩惱，和父母一起解決問題吧。」

至於對受害者的父母，我的建議是，知道孩子受到霸凌且決定要申訴的話，應該要先蒐集證據再去進行申訴，而不是先告訴學校，因為以我的經驗來看，現在的學校根本不會站在受害學生這邊。請盡可能地拿出最多證據，讓學校意識到事態嚴重性，也讓加害者無法找藉口脫身。

眼下的生活可能如身處地獄般痛苦，但我希望你能提起勇氣，不要放棄，繼續支持你的孩子。此外，我也建議你們和校園霸凌的受害者、或是經歷過校園霸凌的人見面，聽聽他們的故事，並講述自己的故事，與經歷過類似情況的人彼此產生共鳴、互相安慰，不但有助於治癒創傷，也能從中汲取智慧與有用的經驗。

● 瑛恩

唔，對和我一樣，以前曾遭受校園霸凌的人，我想說的話或許有些陳腔濫調，但我還是想告訴你們：「你所受到的不當對待，和現在正在承受的痛苦，全都不是你的錯。」我衷心期盼你們真正體會這句話的那一天到來。

還有，對於現在正遭遇校園霸凌的受害者，我也想獻上一樣的話。你現在應該會相當難受，想到自己無能為力就感到絕望，而且既孤獨又痛苦，彷彿現在的煎熬永遠不會結束，不過我希望你能盡可能地將自己的狀況告訴越多人越好，包括你最親近、最信任的長輩和支援校園霸凌問題的機構。

雖然這段時間你會覺得痛苦看不到盡頭，但我希望你能藉由受到適當的保護措施，早日復原；並希望受害者家屬能夠透過受害者團體、法律支援、醫院諮商等等，順利解決問題。

至於加害者，我希望能明確讓他們知道，自己的暴行對別人造成什麼樣的負面影響。我認為要防止加害者再犯，最重要的不單單只是施加處罰而已，而是應該從各個角度讓加害者認識到自己的過錯。事實上，霸凌我的加害者在受到懲戒後，還是繼續霸凌了其他學生。

最後，雖然我自己也是校園霸凌受害者，但未來我想成為能夠幫助校園霸凌受害者的人。曾經發生過的事不會消失無蹤，你可能會覺得痛苦、覺得不公平，但我希望你不會因為不請自來的不幸，而背對世界，即使緩慢也要一步一步走出來，終有一天，我們能在同一片天空下與彼此擦肩。你不必總是要堅強。

● 惠婷

讓我克服創傷的不是訴訟或處罰，而是過程。藉由發出聲音述說自己的故事，在記錄過去記憶的同時，以更客觀的角度看待這些事情，隨後意識到錯不在我，進而成功與過去道別。

我想告訴你們，過去事件的加害者，無法影響你的生活，也建議你們可以試著整理過去，方法有很多種，選一個適合自己的方式即可。

由受害者之聲實現的制度

校園霸凌預防及應對相關法律

在許多受害者和受害者家屬發聲呼籲校園霸凌問題的嚴重性後，相關規定才正式納入制度體系內，在他們的呼籲之下，社會開始形成共識，認知到校園霸凌不是受害學生可以獨自解決的問題，也不是單純的「小孩子爭吵」，而是足以影響受害學生一輩子，甚至讓他們放棄性命的重大社會問題。

編寫此章的目的是希望正在面臨校園霸凌的受害者或其監護人，能夠善加利用現行的校園霸凌應對措施，將傷害降到最低，也希望其他讀者能記得過去未能受到制度保護的受害者，並給予關注與支持，以免同樣的情況再次重演。

臺灣校園霸凌防制準則

為使校園霸凌防制準則真的能發揮功效，避免學生因為校園霸凌受害，教育部自二〇二三年三月起即委託專家學者進行「校園霸凌防制準則」檢討，歷時一年，共召開二十場次研商會議，六場次公聽會，廣邀教師團體、家長團體、重要民間團體、校長團體、兒少代表、學者專家、地方政府與民意代表討論，深入瞭解處理校園霸凌問題時，實務上面臨的困難，並努力找出解決方案，終於完成「校園霸凌防制準則」修正，於二〇二四年四月十九日正式施行。

修正重點如下：

一、區分「生對生」與「師對生」霸凌事件，分別妥善處理。

二、落實預防輔導機制。

三、建立專業、公正及有效的處理機制。

四、強化主管機關權責，有效快速保障被行為人權益。

五、建置專業調和及調查人才庫。

六、健全相關配套機制。

校園霸凌申述單位

校園霸凌事件的主責機關為校園霸凌防制委員會。

● 校園霸凌防制準則第七條說明：

一、學校應組成校園霸凌防制委員會（以下簡稱防制委員會），其任務如下：

①負責校園霸凌防制計畫之研擬及推動。

②校園霸凌事件之調和、調查、審議、輔導及其他相關事項。但高級中等以下學校師對生霸凌事件之調查、處理及審議，由學校校園事件處理會議負責。

二、高級中等以下防制委員會委員，應包括下列人員：

①校長或副校長：擔任主席，負責召集並主持會議，主席因故不能召集或主持會議時，得就委員中指定一人代理主席。

②未兼行政職務之教師代表、學務人員或輔導人員至少二人。

③家長代表。

④外聘學者專家。但偏遠地區學校外聘學者專家 有困難者，得以社會公正人士替代。

⑤高級中等學校，並應包括學生代表。

※高級中等以下學校防制委員會，應置具校園霸凌防制意識之委員五人至十一人，任期一年為原則，期滿得續聘；委員之任期，得以學年為單位。

三、專科以上學校防制委員會，應包括下列人員：

①校長或副校長：擔任主席，負責召集並主持會議，主席因故不能召集或主持會議時，得就委員中指定一人代理主席。

②未兼行政職務之教師代表。
③學務人員。
④輔導人員。
⑤行政人員。
⑥外聘學者專家。
⑦學生代表。
※專科以上學校防制委員會，應置具校園霸凌防制意識之委員七人至十一人，任期一年為原則，期滿得續聘；委員之任期，得以學年為單位。

有權提起霸凌申訴之人

一、學校老師或教職員工知悉有霸凌情況，須依職權向學校通報處理

校園霸凌防制準則第十七條說明：
①校長及教職員工知悉疑似校園霸凌事件時，均應立即向學校所定權責人員通

報，並由學校權責人員向學校所屬主管機關通報。

②前項通報至遲不得超過二十四小時，並應視事件情節，另依兒童及少年福利與權益保障法等相關規定，向直轄市、縣（市）社政主管機關進行通報。

③前二項通報，除有調查必要、基於公共利益考量或法規另有規定者外，對於當事人、檢舉人、證人及協助調查人之姓名或其他足以辨識其身分之資料，應予以保密。

二、被行為人、其法定代理人或實際照顧者，須向行為人於行為發生時所屬之學校（以下簡稱調查學校）檢舉

校園霸凌防制準則第十八條說明：

①疑似校園霸凌事件之被行為人、其法定代理人或實際照顧者，得向行為人於行為發生時所屬之學校（以下簡稱調查學校）檢舉；行為人現任或曾任校長時，應向行為發生時之學校所屬主管機關檢舉。

②前項以外人員，知悉疑似校園霸凌事件者，得向調查學校或主管機關檢舉。

③檢舉應填具檢舉書，載明下列事項，由檢舉人簽名或蓋章：

- 檢舉人姓名、聯絡電話及檢舉日期。
- 被行為人、其法定代理人或實際照顧者檢舉時，應該載明被行為人就讀學校及班級。
- 檢舉之事實內容，如有相關證據，亦應記載或附卷。

④被行為人、其法定代理人或實際照顧者當面以言詞向學校檢舉者，學校應協助其填寫檢舉書。

⑤學校經大眾傳播媒體、警政機關、醫療或衛生福利機關（構）等之報導、通知或陳情而知悉者，視同檢舉。

⑥學校不得因被行為人或任何人檢舉或協助他人檢舉，而予以不利之處分或措施。

⑦調查學校依國民教育法、高級中等教育法、私立學校法或其他教育法令規定合併者，由合併後存續或新設之學校為調查學校。調查學校已停辦者，由行為人現所屬學校為調查學校，行為人無現所屬學校者，由行為時學校之主管機關為事件管轄機關。

申訴管道

1. 教育部反霸凌專線電話 1953
2. 向導師、家長反映。
3. 向學校反霸凌信箱投訴。
3. 於校園生活問卷中提出。
4. 或是向其他管道（好同學、好朋友）述說。

保障被霸凌學生的權益

校園霸凌防制準則第三十八條說明：

①為保障生對生霸凌事件當事人之學習權、受教育權、身體自主權、人格發展權及其他權利，必要時，學校於調和、調查、處理階段或作成終局實體處理後，得為下列處置：

- 彈性處理當事人之出缺席紀錄或成績評量，並積極協助其課業，得不受請假、學生成績評量或其他相關規定之限制。
- 尊重被行為人之意願，減低當事人雙方互動之機會；必要時，得對當事人施予抽離或個別教學、輔導，學校並得暫時將當事人安置到其他班級或協助當事人依法定程序轉班。
- 提供心理諮商與輔導、班級輔導或其他協助，必要時，得訂定輔導計畫，明列輔導內容、分工或期程。
- 避免行為人及其他關係人之報復情事。
- 預防、減低或杜絕行為人再犯。
- 其他必要之處置。

②處理小組或防制委員會於調和、調查階段，得建議學校採取前項一款或數款之處置。

③當事人非屬調查學校生時，學校應通知當事人所屬學校，依第一項規定處理。

校園霸凌防制準則第四十二條說明：

①處理小組、防制委員會之調和、調查及處理，不受該事件司法程序是否進行及審理結果之影響。

②前項之調和及調查程序，不因當事人喪失原身分而中止。

確立霸凌行為後，可對行為學生立即進行輔導

校園霸凌防制準則第四十五條說明：

一、防制委員會審議調查報告，確認生對生霸凌事件成立者，必要時，得對行為人為下列一款或數款之決議：

①依第三十八條第一項規定予以處置。

②提供心理諮商與輔導或其他協助。

③採取適當管教措施。

④移送權責單位依法定程序予以懲處。

⑤霸凌情節重大者，依第六十一條規定處理。

二、權責單位非有正當理由，不得違反防制委員會前項之決議。

學校的輔導機制內容

校園霸凌防制準則第五十八條說明：

①學校、防制委員會依第二十一條、第三十五條第一項或第四十五條第一項規定決議輔導行為人時，學校應立即啟動輔導機制。

②必要時，前項輔導機制應就行為人及其他關係人訂定輔導計畫，明列輔導內容、分工、期程，持續輔導行為人，並定期評估是否改善。

③行為人經定期評估未獲改善者，得於徵求其同意後，轉介專業諮商、醫療機構實施矯正、治療及輔導，或商請社政機關（構）輔導安置；其有法定代理人或實際照顧者時，並應經其法定代理人或實際照顧者同意；學校教職員工應配合輔導單位所訂定之相關輔導計畫，無正當理由不得拒絕配合。

④學校確認成立校園霸凌事件後，應依事件成因，檢討學校相關環境、教育措施及輔導資源，立即進行改善。

專業輔導人員處置

校園霸凌防制準則第五十九條說明：

前條輔導，學校得委請醫師、臨床心理師、諮商心理師或社會工作師等專業人員為之。

學校執行輔導工作之人員，應謹守專業倫理，維護學生接受輔導專業服務之權益；曾參與調和、調查之處理小組委員，應迴避同一事件輔導工作。但偏遠地區學校欠缺適合執行輔導工作之人員，或有其他正當理由，且經受輔導人同意者，不在此限。

霸凌情節重大，進行司法、社政連結與處置

校園霸凌防制準則第六十一條說明：

校園霸凌事件情節重大者，學校得請求警政、社政機關（構）或司法機關協助，並依少年事件處理法、兒童及少年福利與權益保障法、社會秩序維護法、刑事訴訟法等相關規定處理。

校園霸凌防制準則第七十一條說明：

相同或不同學校學生於校園內、外，個人或集體故意傷害他人之身體或健康者，學校應準用本準則檢舉、審查、調和、調查及處理相關規定辦理。

關係修復與糾紛調解

臺灣校園也正在推修復式正義，是指加害學生與受害學生、監護人透過瞭解校園暴力狀況，彼此溝通和對話，由專業的修復式促進者，協助雙方共同努力回復到原來狀態或重返日常生活。

關係修復計在雙方學生皆同意的情況下才能進行。關係修復計畫以雙方當事學生與監護人為對象，先與雙方個別面談，瞭解每個人心中的需求、對案件的解決方案和心理狀態後，在雙方同意且做好準備時，讓雙方面對面溝通，藉此修復關係。

向少年法庭提告或向警方報案

臺灣校園霸凌，在學校處理同時，家長也可以向少年法庭提告，少年法庭處理十二歲以上，未滿十八歲的少年觸法行為。可以向警方報案，也可以直接向少年法庭請求處理，警方調查後也會交由少年法庭審理。少年法庭若發現犯罪情節重大，為最輕本刑五年以上的有期徒刑案件，則會交由檢察官起訴，以刑事案件處理。少年法庭，對加害者裁定不會留下前科的保護處分，如訓誡、假日生活輔導，保護管束命勞動服務，感化教育、安置輔導等。另外法官也會要求加害人不可再傷害被害人，並於了解加害人的行為原因，進行心理測驗，轉介心理諮商輔導。若因而造成的損害，則有家長另行以民事訴訟求償。

韓國校園霸凌的歷史

「不良暴力學生」與「霸凌」，以及「校園霸凌 #MeToo」

校園霸凌在韓國校園甚為普遍。然而校園霸凌真如媒體所言越發兇殘嗎？霸凌從什麼時候開始被視為一種社會問題？校園霸凌預防與處置的相關制度是何時成立？我將透過新聞報導、問卷調查與研究資料，掌握各個年代校園霸凌的面貌與其變遷過程，探討當時的社會結構是否造成影響，導致霸凌受害者在過程中，只能無助地忍受痛苦。

一九五〇年代的校園霸凌

一九五〇年代時值韓戰後的混亂期，暴力充斥於社會之中，學校當然也不例外，學生持刀械到校的情形所在多有，教師也能毫無限制地體罰學生，整體社會對暴力並不敏感，只要不出人命，在校園中發生的暴力事件都被視為是小孩子打架，不會有人特別干預。

當時的媒體報導了一則某高中二十多名學生，成群結黨對其他學生暴力相向的事件[71]，根據該篇新聞報導，「校方毫無作為，讓學生深陷恐懼，家長嚴厲譴責校方沒有誠意。」

一九五〇年代大多以「流氓學生」這個詞來介紹校園霸凌，殺人、傷害致死、持刀砍人等窮凶惡極的事件頻傳[72]，由此我們可知，在這樣風雨飄搖的年代裡，除非發生嚴重傷害，否則一般的校園霸凌根本不被視為一種暴力。

---

71 教室因暴力而顫抖（1959，11月6日）。東亞日報。

72 暴力應當被逐出校園（1957，12月5日）。京鄉新聞。
「流氓學生」的溫床在哪裡？（1958，3月25日）。京鄉新聞。

一九六〇年代的校園霸凌

一九六〇年代韓國經歷四一九革命、五一六軍事政變，社會仍動盪不安，校園霸凌的程度也大抵與一九五〇年代相去不遠。一些結幫拉派的學生在校內外使用暴力，社會上稱之為「校園黑幫」「校內暴力團體」「不良學生」等。

在這種時代背景下，只要不是所謂的黑幫等級，許多加害行為對人們來說，根本算不上校園霸凌，這個時期的受害者甚至不曉得自己遭遇的是校園霸凌，只能將痛苦往肚子裡吞。要說和之前有什麼不同之處，那便是開始有一些批評的聲音浮上檯面，認為上述這種不良學生組織化所造成的校園霸凌，並不是校園問題而已，應該被視為嚴重的社會問題，因此政府也開始行使公權力，強硬處置校園霸凌事件。

一九六三年五月[73]，某高中在校生向校方要求，開除由三十多名學生組成的暴力組織，結果隸屬該組織的學生持尖錐、摺疊刀等對提出要求的兩名學生造成重傷，校方毅然決然將加害學生退學，轄區的警局也逮捕了其中六名學生，之後他們被移送首都防衛司令部、普通軍事法庭受到懲罰，由於事件發生在五一六軍事政變後，在軍事法庭審判校園霸凌案件頗令人玩味。

後來，首爾市警察編列了校內暴力團體與不良學生的名單，並設立專責單位採取杜絕措施等來處理校園霸凌問題[74]。然而這樣的公權力行使，僅僅針對事態嚴重的物理性暴力，對一般的排擠霸凌並無任何對策與關注，只有被霸凌的學生私下復仇的事件偶爾受到熱議，比如一名國一生因為受到同儕捉弄而感到孤立無援，於是他在煮食用水的鍋子內加入氫氧化鈉，最後被依計畫殺人未遂嫌疑遭警察送辦，便是其中一個例子[75]。

73 上學是一件可怕的事（1963，5月24日）。東亞日報。
74 學園暴力（1968，6月15日）。京鄉新聞。
75 中學生被嘲笑「問題兒童」懷恨在心，在學校水鍋內放入氫氧化納駭人聽聞（1963，5月25日）。朝鮮日報。

一九七〇年代的校園霸凌

由於一九六〇年代韓國公權力的介入，到了一九七〇年代後，殺人、持兇器傷害等兇殘的暴力事件有所減少，但校園霸凌仍持續擴散。

一九七五年，名為「中央青少年保護對策委員會」的機關，對一萬五千五百零九名高中生進行問卷調查，其中有三二．四%表示曾有被勒索、施暴、戲弄的經驗，相當於當時有三分之一的高中生都遭受了校園霸凌。

以校園霸凌的類型來看，男學生主要遇到的類型為恐嚇取財（四六．一%）、肢體暴力（四一．二%）、有害風化之行為[76]（一〇%），女學生則是恐嚇取財（四一．四%）、有害風化之行為（四〇．六%）、肢體暴力（一三．九%）；相反地，有報警的學生僅占全體受害學生的二至三%，除了對報警感到莫大恐懼外，沒有警局以外的地方可供申訴，也是導致他們不敢報警的原因。

直到一九七〇年代為止，將霸凌這種非物理性的暴力視作暴力的認知尚且不足，當時即便是物理性暴力也無法說報警就報警，要舉發自己遭受排擠霸凌更是難如登天，也許是因為如此，那時也發生了遭霸凌學生私自復仇的事件，一名受不了班導與班上同學無視及孤立的國小六年級學生偷偷躲在教室裡，將同學貼在牆上的畫撕下後點火引燃，火勢往四周延燒，最終造成了學校大火[77]。受害學生是在走投無路才選擇私下報復，教育廳將此事歸咎於校長與教務主任指導不力，並將他們交由懲戒委員會仲裁。

一九八〇年代的校園霸凌

到了一九八〇年代，韓國校園霸凌仍舊被當成部分不良學生所引起的事件來看待，因此施暴學生被稱為「不良暴力生」，而不是「校園霸凌加害者」；每間學校設有「不良暴力生檢舉中心」，由警察、市郡區廳職員、教育公務員、教師等人組成共

76 指調戲與騷擾。
77 父母與學校須負起重責大任，在事發前善加指導（1972，5月23日）。朝鮮日報。

同取締小組加強管控，警察、學校、地方團體通力合作試圖解決校園霸凌。

而社會開始關心霸凌始於一九八〇年代中後期。在日本，類似的霸凌現象成為社會問題，「持續欺負學生，迫使學生離開校園」的行為被視為霸凌，學生之間拿他人短處做文章，在筆記本上塗鴉或完全不和他說話、傳紙條嘲笑、在書桌上留下髒話紙條等精神上的欺凌情況增加。

然而這種霸凌行為不屬於不良學生的暴行，而是發生於一般的學生群體之中，由於很難將其視為犯罪報警處理，受害學生只能透過轉到其他學校來解決問題，當時首爾教育廳便指出，因受同儕霸凌等欺凌行為而前來諮商轉學者，每個月平均達到三百多人[78]；可謂是一個儘管霸凌盛行，卻全然無解決之道的時代。

一九九〇年代的校園霸凌

到了一九九〇年代，韓國校園霸凌越發殘暴的現象仍不斷持續，根據一九九八年一份對全國國小、國高中生進行調查的問卷，有高達二四．二%的學生表示，在一年內曾經歷過校園霸凌[79]。

於此同時，集體霸凌受害者的自殺事件接連發生，人們才開始將霸凌視為一種社會問題。一九九五年，一名十六歲的學生因被欺負而選擇走上絕路，他的父親[80]為了讓社會大眾認知到校園霸凌的嚴重性，並協助預防與治療，而設立了「青少年暴力預防基金會（現在的綠樹基金會）」。基金會設置了全國校園霸凌諮商專線，首先發行了〈校園霸凌預防指南〉，並進行校園霸凌現況調查等等，建立起預防與應對校園霸凌的系統；隔年九月人氣團體 H.O.T 出道單曲「戰士的後裔（暴力時代）」發售隨即颳起一陣旋風，也可以看作是社會大眾與校園霸凌受害者產生共鳴的一種現象。

一九九七年時，金泳三前總統要求各政府部門杜絕校園霸凌，命各部門首長報告校園霸凌對策，且制定了加害學生社會服務命令制與青少年保護法，然而這部法的立法用意，僅止於保護青少年遠離有害環境，對校園霸凌的實際預防與應對並無助益。

---

78 為逃離暴力教室，學生轉學接二連三（1986．5 月 23 日）。京鄉新聞。

79 朴京淑、孫希權、宋惠慶（1998）。學生霸凌（集團排擠與欺凌）現象研究。韓國教育開發院。

80 指現綠樹基金會榮譽理事長金宗基。

二〇〇〇年代的校園霸凌

直至二〇〇四年一月二十九日，韓國《學校暴力預防與對策法》專法訂定，校園霸凌正式進入體制之內，成為校方積極處理校園霸凌的法源依據，該法列出了校園霸凌用語，要求國家與地方自治團體、教育部部長與教育監提出預防與根絕校園霸凌的相關措施，同時也規定學校有義務設置輔導教師與校園霸凌專責機構、校園霸凌對策自治委員會，及通報校園霸凌事件。

根據二〇〇五年到二〇〇七年間，針對高中生所做的校園霸凌問卷調查[81]，仍有高達一八．七％的學生表示自己有校園霸凌受害經驗，二〇一一年底大邱一名國中生因受到集體霸凌而選擇跳樓自殺，諸如此類的事件震驚社會，讓大眾再一次瞭解到校園霸凌的嚴重性。在此事件刺激之下，加強版的校園霸凌綜合應對措施於二〇一二年二月頒發，對加害學生的懲處規定從軟性轉為硬性，規定校園霸凌對策自治委員會的懲處結果，也應記載於學校生活紀錄簿中，作為大學入學甄試的參考依據；除首次針對隱匿或淡化校園霸凌之教師，將懲處納入規章之中，教育部更規定每年須進行兩次校園霸凌實況調查；隨著網路使用及智慧型手機普及，二〇一二年開始網路霸凌等網路暴力也被列入校園霸凌類型之中。

對施暴學生硬性懲罰與須記載於生活紀錄簿的規定效果顯著，原本一〇至二〇%左右的校園霸凌發生率，到了二〇一三年迅速降至二・二%，之後受害經驗比例便維持在一至二%直至今日。不過由於事件調查與校園霸凌對策自治委員會都是在校內進行，校方若有心隱瞞，仍能夠淡化與隱匿事件，學生也為了避開大人眼目，漸漸將施暴手段轉為網路霸凌。

終於在二〇一七年九月爆發了著名的「釜山女國中生施暴事件」，釜山四名女國中生集體對一名受害學生施暴，並將過程拍攝下來上傳到自己的社群帳號，犯行因此為大家所知；接著二〇一八年十一月，「仁川國中生墜樓死亡」事件發生，三名國二男學生與一名高一女學生將被害學生叫到頂樓圍毆後，致使其墜樓，諸如此類殘酷的

---

81 韓國職業能力開發院（2005-2007）。韓國教育僱傭追蹤調查（KEEP: Korean Education & Employment Panel）。

校園霸凌始終不曾停息。

二〇二〇年後的校園霸凌

二〇〇〇年導入相關制度後，韓國遭遇校園霸凌的學生比例每年均維持在一至二%，不過「校園霸凌預防及對策法」進到體制內後，校園霸凌的形態從物理性行為進化到非物理性行為、精神性的暴力，原由學校辦理的校園霸凌自治委員會，在二〇二〇年轉交由教育支援廳辦理，以強化專業、客觀與公正性。

其後，二〇二一年開始的「校園霸凌 #MeToo」運動，成了校園霸凌歷史的全新轉捩點，在此之前，受害者往往會隱藏自己遭到傷害的事實，但在校園霸凌 #MeToo 運動開始後，社會中形成了一種「受害者不該感到羞恥，加害者必須受到譴責」的氛圍，使得受害者得以發聲。當時一對知名排球選手姊妹花，被揭發在校時期曾霸凌他人，不僅失去國家代表隊選手資格，也被逐出排球界，之後名人們霸凌他人的事件陸續遭到揭發，被證實有施暴的運動選手或演藝人員，只能黯然下台一鞠躬。

二〇二三年描述校園霸凌受害者復仇戲碼的戲劇《黑暗榮耀》在 Netflix 上映，人氣席捲全球，爾後一名原被任命為高階公務人員的律師，因自己兒子以前在學校霸凌別人，而在一夜之間辭任的「鄭姓律師兒校園霸凌事件」發生，這兩件事成了修訂反校園霸凌措施的決定性關鍵。

二〇二三年四月，政府秉持「校園霸凌零容忍原則」，延長了生活紀錄簿記載加害學生懲戒內容的期間為四年，並發表了「杜絕校園霸凌綜合對策」，旨在讓施暴學生於大學入學甄試中失利。

整理至此，我們可以知道校園霸凌並非一夕之間騰空而出，也不是日漸嚴重，而是只要有校園，就有校園霸凌存在。我希望在瞭解當時受害者求救無門，社會對暴力遲鈍無感，以及保護受害者的制度尚未建立的時代背景之後，受害者能夠知道完全沒有必要因為當時無法主動應對而自責，也希望他們記住，應該為自己在不得不背負校園霸凌創傷的情況下，挺過這一切而感到自豪。

參考文獻

國內外書籍

- 金千基（2021）。校園霸凌，新故事。HAKJISA。
- 金炳路、金善期等（2022）。寬恕、和解與治癒。新浪潮 Plus。李東甲、柳景熙（2021）。走過校園霸凌——創傷後邁向成長。螢雪出版社。
- 高智妍（譯）（2013）。霸凌的結構——人類何以成為怪物。Haneol Media（內藤朝雄）。
- 洪尚賢（譯）（2015）。解決霸凌問題的政治學。NARUMBOOKS（藤森毅）。
- 張浩延（譯）（2018）。自癒的大腦。東亞（諾曼・道奇）。
- 朴正吉（譯）（2012）。創造生命的奇蹟。交流道（露易絲・賀）。
- 金熙靜（譯）（2018）。我決定原諒你。Bookie（瑪琳娜・肯塔庫奇諾）。
- 鄭智皓（譯）（2023）。霸凌如何破壞你的大腦。Simsim Books（珍妮弗・福瑞澤）。
- 鄭智淑（譯）（2021）。校園霸凌。沙梨樹（彼得・K・史密斯）。
- 孫進（譯）（2012）。何謂修復式正義？KAP（霍華德・澤赫）。

- 尹承熙（譯）（2002）。一生都能好好記憶。Woongjin 知識屋（莉莎・潔諾娃）。
- Bessel van der Kolk M.D.（2015）, The Body Keeps the Score: Brain, Mind, and Body in the Healing of Trauma, Penguin Publishing Group.
- Helen Riess（2018）, The Empathy Effect: Seven Neuroscience-Based Keys for Transforming the Way We Live, Love, Work, and Connect Across Differences, Sounds True.
- Michael M. Merzenich（2013）, Soft-Wired: How the New Science of Brain Plasticity Can Change Your Life, Parnassus Publishing.

學術資料

- 姜善模、林惠京（2021）。過去的校園霸凌受害經驗，對成年前期生活滿足度之影響——侵入性思維與去中心化的中介效果。學習者中心的課程教育研究 vol.21（17）。
- 高敬恩（2014）。青少年的校園霸凌克服經驗研究。學校社會福祉 vol.29。
- 金奉哲、朱智赫、崔明逸（2009）。學生家長對校園霸凌的樂觀偏見與預防活動的探索性考察——以自我尊重感與校園霸凌經歷為中心。媒體科學研究 vol.9（4）。
- 金宣雅（2005）。國中生的壓力與依附關係，對施暴與暴力受害經歷之影響。韓國青少年研究 vol.16（2）。
- 金哉燁、李根榮（2010）。校園霸凌受害青少年自殺想法研究。青少年學研究 vol.17（5）。

- 金正蘭、金惠信（2014）。家庭暴力與校園霸凌對青少年自殺衝動之影響。保健社會研究 vol.34（2）。
- 朴京淑、孫希權、宋惠慶（1998）。學生霸凌（集團排擠與欺凌）現象研究。韓國教育開發院。
- 朴愛利、金宥娜（2023）。兒童期校園霸凌受害經歷對成年前期心理情緒障礙與自殺之影響——以大學生為中心。青少年學研究 vol.30（1）。
- 朴浩根（2020）。校園霸凌預防法變遷過程分析。教育法學研究 vol.32（2）。
- 房基妍（2014）。走過風浪，向前邁進——校園霸凌受害生之母的經驗。韓國心理學會誌 vol.1（12）。
- 裵相哲（2019）。針對校園霸凌受害青少年創傷克服經驗的相關現象學研究——以開朗治療中心青少年為中心。韓國放送通信大學研究所。
- 吳承煥（2007）。影響青少年集體霸凌經歷的生態系統因素分析。精神健康科社會福祉（25 期）。
- 李紀淑（2015）。對克服校園霸凌傷害之過程的敘事探討。檀國大學研究所。
- 李榮紀、宣惠娟（2017）。國小校園霸凌受害兒童防禦者經驗的定性研究。教育研究農村 vol.3(1）。
- 李志賢（2017）。青少年前期網路霸凌受害經驗對憂鬱與焦慮造成之影響——發展性資產的調解效果。清州大學研究所。
- 李昌植、朴智英、張夏榮（2016）。青少年的校園霸凌受害經驗對自我尊重的影響——人權受損認知的中介效應。數位融複合研究 vol.14（11）。

- 李寒株（2017）。校園霸凌受害經歷對憂鬱影響之縱向研究——自我尊重與自我恢復力的中介效果。韓國校園保健學會誌 vol.30（3）。
- 李慧靜、宋秉國（2019）。校園霸凌事件中女性青少年旁觀經驗的現象研究。青少年福祉研究 vol.21（2）。
- 林在然、朴宗孝（2015）。針對教師預防與因應校園霸凌之能力的診斷標準開發研究。教育學研究 vol.53（3）。
- 林在然（2017）。教師預防與因應學生經歷之校園霸凌的能力研究。韓國心理學會誌：學校 vol.14（2）。
- 蔡昌均、柳知英、申東俊（2013）。青少年校園霸凌影響因素分析——以個人特性、家庭背景為中心。韓國職業能力研究院 vol.16（1）。
- 崔美京（2019）。兒童的同儕霸凌與自我尊重及孤獨感之關係，兒童學會誌 vol.27（4），2004。
- 許勝熙、李希榮（2019）。校園霸凌的校內生態因素與因應方案——以微觀系統與中間系統為中心。水產海洋教育研究 vol.31（6）。
- Antti Kärnä, Marinus Voeten, Elisa Poskiparta, Christina Salmivalli（2010）, Vulnerable children in varying classroom contexts: bystanders’ behaviors moderate the effects of risk factors on victimization, Wayne State University Press.
- Brenda Morrison（2006）, School Bullying and Restorative Justice: Toward a Theoretical Understanding of

the Role of Respect, Pride, and Shame, Journal of Social Issues.

- George FR, Short D（2018）, The Cognitive Neuroscience of Narcissism, Journal of Brain, Behaviour and Cognitive Sciences.
- Graham, S. H, Bellmore, A. & Mize, J. A.,（2006）, Peer victimization, aggression, and their co-occurrence in middle school: Pathways to adjustment problems, Journal of Abnormal Child Psychology.
- LeDoux J. E.（2000）, Emotional circuits in the brain, Annual Reviews of Neuroscience.
- Rigby, K., Slee, P. T., & Martin, G.（2007）, Implications of inadequate parental bonding and peer victimization for adolescent mental health, Journal of Adolescence.
- Troy, M., & Sroufe, L. A.（1987）, Victimization among preschoolers: Role of attachment relationship history, Journal of the American Academy of Child & Adolescent Psychiatry.

新聞報導

- 教室因暴力而顫抖（1959，11月6日）。東亞日報。
- 上學是一件可怕的事（1963，5月24日）。東亞日報。
- 兒時受言語羞辱，腦部終生受創（2012，4月20日）。東亞日報。
- 中學生被嘲笑「問題兒童」懷恨在心，在學校水鍋內放入氫氧化鈉駭人聽聞（1963，5月25日）。朝鮮日報。

- 父母與學校須負起重責大任，在事發前善加指導（1972，5 月 23 日）。朝鮮日報。
- 暴力應當被逐出校園（1957，12 月 5 日）。京鄉新聞。
- 「流氓學生」的溫床在哪裡？（1958，3 月 25 日）。京鄉新聞。
- 學園暴力（1968，6 月 15 日）。京鄉新聞。
- 為逃離暴力教室，學生轉學接二連三（1986，5 月 23 日）。京鄉新聞。
- 針對排擠與自殺，心理健康醫學科醫生提出的解決方法？（1986，5 月 23 日）。醫協新聞。
- 校園霸凌致使受害者腦部與身體變形，對加害者人生也造成「負面影響」（2019，5 月 7 日）。YTN 科學。
- 心理健康醫學科醫師所見校園霸凌受害者的痛苦（2023，3 月 17 日）。醫學觀察家。

其他

- 韓國校園霸凌案件處理指引（2023）。教育部。
- 2022 年全國校園霸凌與網路暴力實況調查（2022）。綠樹基金會。
- 韓國教育僱傭追蹤調查（KEEP: Korean Education & Employment Panel）（2005-2007）。韓國職業能力開發院。
- 醫療機構內校園霸凌受害者之精神病理調查（2001）。保健福祉部。

國家圖書館出版品預行編目 (CIP) 資料

我的孩子被霸凌了：律師揭開霸凌內幕陪你尋找解決方案 / 盧玧澔著；蔡小喬譯 . -- 臺北市：三采文化股份有限公司 , 2024.06
面； 公分 . -- (Mind map；267)
譯自：학교폭력 , 그 이후 끝나지 않은 이야기
ISBN 978-626-358-327-6(平裝)

1.CST: 校園霸凌 2.CST: 學校輔導 3.CST: 學校管理

527.59 113003176

Mind Map 267

我的孩子被霸凌了

律師揭開霸凌內幕陪你尋找解決方案

作者｜盧玧澔 譯者｜蔡小喬 審訂｜吉靜如
編輯一部 總編輯｜郭玫禎 主編｜鄭雅芳
美術主編｜藍秀婷 封面設計｜方曉君 版型設計｜方曉君
內頁排版｜陳佩君 版權經理｜孔奕涵

發行人｜張輝明 總編輯長｜曾雅青 發行所｜三采文化股份有限公司
地址｜ 台北市內湖區瑞光路 513 巷 33 號 8 樓
傳訊｜ TEL: (02) 8797-1234 FAX: (02) 8797-1688 網址｜ www.suncolor.com.tw
郵政劃撥｜ 帳號：14319060 戶名：三采文化股份有限公司
本版發行｜ 2024 年 6 月 14 日 定價｜ NT$420

臺灣校園霸凌事件處理流程圖

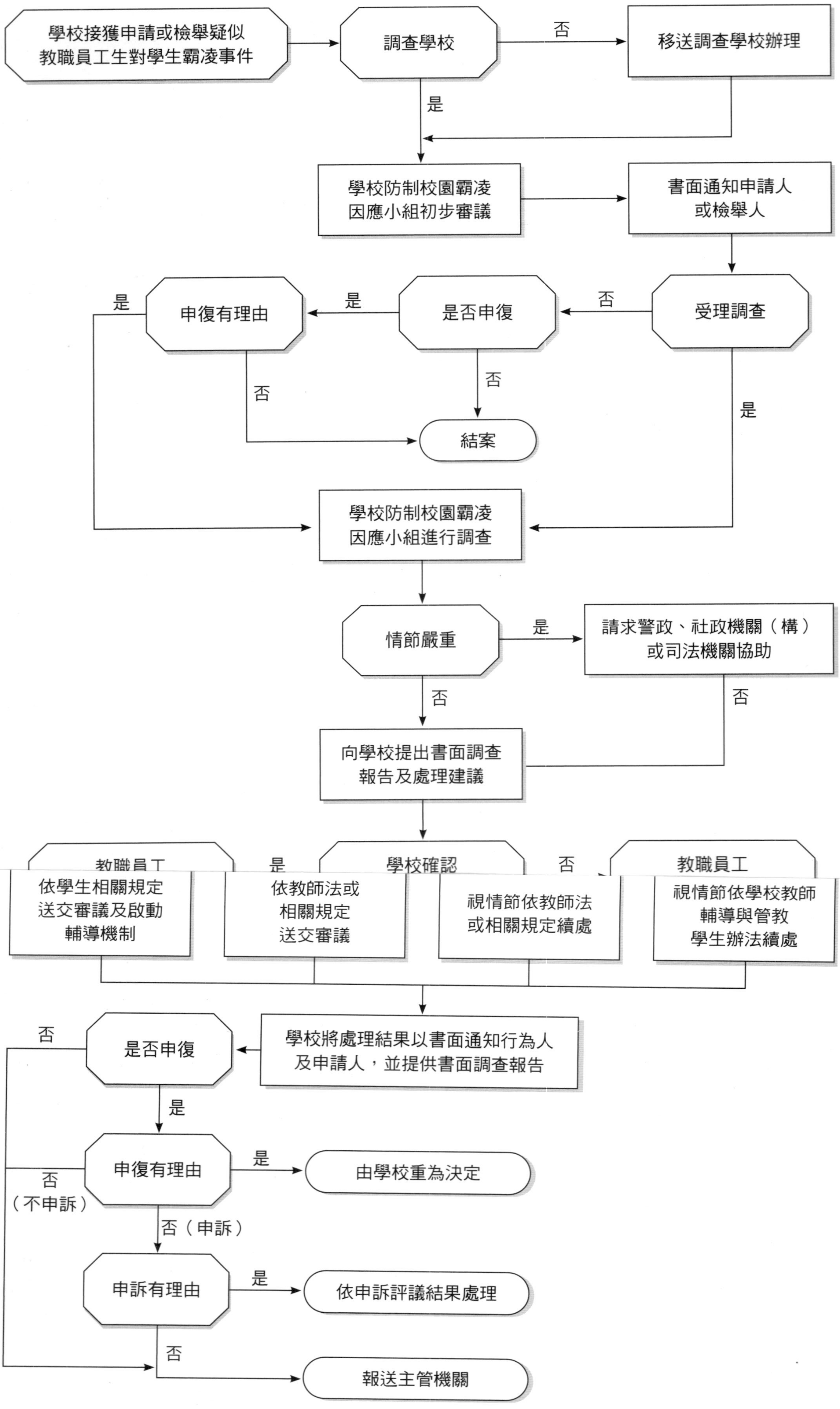

※ 資料來源：教育部